파워 프레젠테이션

한
페이지의
설득
드라마,

파워 프레젠테이션 _ 삼성언론재단 총서

초판 1쇄 인쇄 2011년 3월 5일
초판 1쇄 발행 2011년 3월 10일

지은이 김은성
펴낸이 이영선
펴낸곳 서해문집
이 사 강영선
주 간 김선정
편집장 김문정
편 집 송수남 임경훈 김종훈 김경란 정지원
디자인 오성희 당승근 안희정
마케팅 김일신 이호석 이주리
관 리 박정래 손미경

출판등록 1989년 3월 16일 (제406-2005-000047호)
주 소 경기도 파주시 교하읍 문발리 파주출판도시 498-7
전 화 (031)955-7470 | **팩 스** (031)955-7469
홈페이지 www.booksea.co.kr | **이메일** shmj21@hanmail.net

© 김은성, 2011
ISBN 978-89-7483-461-6 03320

이 도서의 국립중앙도서관 출판시도서목록(CIP)은 e-CIP 홈페이지(http://www.nl.go.kr/ecip)와 국가자료공동목록
시스템(http://www.nl.go.kr/kolisnet)에서 이용하실 수 있습니다.(CIP제어번호: CIP2011000631)

파워 프레젠테이션

KBS 아나운서 김은성 지음

서해문집

결국, 프레젠테이션은 전달력이 생명이다!

김 부장은 경쟁 프레젠테이션을 앞두고 있었습니다. 회사의 사활이 걸린 중요한 프로젝트여서 두 달 전부터 열심히 준비를 했습니다. 다른 경쟁사와 차별화된 기획과 구성을 하기 위해 매진했죠. 수많은 자료와 회의를 통해 나름 잘 짜여진 기획안을 만들게 되었습니다. 이제는 멋진 프레젠테이션으로 사람들의 마음을 사로잡아야 하는데 김 부장은 걱정입니다. 평소에 발표 불안증이 있었기 때문입니다. 다른 팀원에게 맡기려고 했지만 전체 기획과 구성을 김 부장이 했기 때문에 어쩔 수 없이 발표 준비를 하게 되었습니다. 완벽한 시나리오를 만들기 위해 노력했습니다. 한 치의 실수도 없게 하기 위해 연습에 연습을 거듭했죠.

드디어 발표 날, 김 부장은 자신이 있었습니다. 그동안 완벽한 시나리오로 꼼꼼히 준비했기 때문이죠. 그런데 이게 어찌된 일입니까? 프레젠테이션 시간이 30분에서 20분으로 줄면서 악몽은 시작되었습니다. 시나리오를 어떻게 줄일지 막막해지기 시작합니다. 다행히 팀원들의 도움으로 20분 분량으로 원고를 줄였습니다.

드디어 프레젠테이션이 시작되었습니다. 그럭저럭 시나리오를 읽으며 진행을 하고 있는데 고객사의 사장이 묻습니다. "그 자료가 몇 년도 자료죠?" 김 부장은 정신이 혼미해지며 머리가 하얘집니다. 그리고 얼떨결에 "글쎄요"라고 답변을 하고 맙니다. 순간 회의장은 정적만이 흐릅니다. 프레젠테이션을 마치고 사장은 다시 김 부장에게 묻습니다. "이 제안의 핵심 포인트는 무엇인가요?" 김 부장은 "저 그게……."

이 상황은 제가 직접 컨설팅한 프로젝트의 프레젠터(presenter)가 예전에 겪은 실화입니다. 이런 상황은 남의 일이 아닙니다. 바로 나에게 발생할 수 있는 상황입니다. 우리는 그동안 기획과 구성에는 많은 노력을 기울여 왔습니다. 하지만 어떻게 효과적으로 전달할 것인가에 대해서는 상대적으로 신경을 쓰지 못했습니다. 일례로 서점에 나온 프레젠테이션 책을 보면 알 수 있습니다. 전달이라는 부분이 아예 없거나 있어도 한 부분으로 다룰 뿐 전달력을 중심으로 훈련하는 방법을 제시하는 책은 전무합니다. 기획과 구성이 중요하지 않다는 이야기가 아닙니다. 중요한 기획과 구성을 빛나게 하기 위해서는 마무리로 전달의 힘이 필요하다는 겁니다.

어떤 분은 이런 말씀을 하실 수도 있습니다. 지금의 프레젠테이션은 슬라이드나 시나리오를 읽는 것이라고. 물론 그럴 수 있습니다. 하지만 이제 시나리오 중심의 프레젠테이션에서 스토리텔링(구어체 + 이야기) 중심의 프레젠테이션으로 바뀌고 있습니다. 시나리오를 단순히 읽는 것이 아니라 이해하고 키워드 중심으로 말을 풀어가는 스토리텔링(스티브 잡스 스타일) 중심의 프레젠테이션을 여러분이 연습하신다면 한 발짝 앞서 나갈 수 있습니다. 고난이도의 기술을 가진 사람은 낮은 기술을 쉽게 사용하지만 낮은 기술만 가진 사람은 높은 기술을 사용하지 못하는 것과 같은 이치입니다. 바로 여러분 자신을 위해 보다 높은 기술을 바로 지금 훈련할 필요가 있습니다.

이 책의 특징은 첫째, 전달력을 높이는 방법을 구체적으로 제시하고 있습니다. 음성적 훈련에서부터 비언어적 부분까지, 더 나아가 효과적 전달을 위한 구성 방법들도 담고 있습니다.

둘째, 실전 로드맵과 각종 표가 있습니다. 실제로 프레젠테이션 컨설팅을 할 때 사용하는 분석표와 평가표, 그리고 훈련의 로드맵을 제시하고 있습니다. 프레젠테이션 당일 어떻게 준비하고 대비해야 하는지도 담았습니다. 이 내용들은 여러분에게 좋은 나침반이 될 것입니다.

셋째, 이론과 실전 훈련이 조화롭게 수록되어 있습니다. 프레젠테이션의 몇 가지 원칙을 안다고 해서 단박에 훌륭한 프레젠터가 되지는 않습니다. 기본적인 스피치 능력을 높이는 방법과 프레젠테이션에서 바로 적용 가능한 커뮤니케이션 이론들을 정리했습니다.

전달력은 단순히 발음, 발성, 억양의 문제가 아닙니다. 궁극적으로는 자신의 스타일을 만들어가는 과정입니다. 스티브 잡스 스타일, 존 체임버스 스타일 등 누구를 따라 하는 것이 아니라 체계적 훈련을 통해 자신만의 프레젠테이션 스타일을 만들고 진화하는 것이 전달력의 핵심이며, 그것을 도와주는 것이 바로 이 책의 존재 이유입니다.

자 여러분, 바로 시작하시죠! right now!

여의도에서 김은성

CONTENTS

003 SECRET

004 ADAPTION

009

ROAD MAP

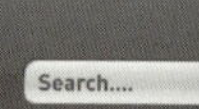

"여러분은 프레젠테이션에 자신이 있으십니까?"

"여러분은 프레젠테이션이 무엇이라 생각하십니까?"

이런 질문을 받는다면 여러분은 어떻게 대답하시겠습니까? 자신 있게 대답을 할 수 있으십니까? 프레젠테이션을 업무 중 하고 있든 그렇지 않든 프레젠테이션은 우리 생활 속에 있습니다. 그리고 자주 하고 있죠. 그럼에도 불구하고 우리는 자신 없어 합니다. 심지어 여러 권의 책을 보고 강의를 들었음에도 불구하고 자신이 없습니다. 왜 그럴까요? 무엇이 문제일까요? 그 해답을 드리기 위해 이 책을 준비했습니다.

그동안 나온 책들은 기획과 구성에 집중한 나머지 프레젠테이션의 중요한 영역인 전달(delivery) 영역을 간과했습니다. 어찌 보면 어쩔 수 없었죠. 스피치, 전달에 대한 학문적 논의가 부족했기 때문입니다. 이 책은 전달에 중심을 둘 것입니다. 그동안의 프레젠테이션 컨설팅을 통해 얻은 실무적 내용들을 이 책에 담겠습니다. 그리고 그 방향과 구체적 훈련법을 제시하겠습니다.

처음부터 모든 궁금증을 해결해드릴 수는 없습니다. 더구나 몇 마디 말로 전해지는 것도 아닙니다. 프레젠테이션을 잘하기 위해서는 단계적이고 인지적인 훈련과 준비가 필요하기 때문입니다.

하지만 이것만은 약속드리죠. '여러 권의 관련 책을 보고 강의를 들었음에도 별 효과를 보지 못하신 분' '책을 읽을 때는 할 수 있을 것 같은데 막상 자리에 나서면 발표 불안증을 겪는 분' 이런 분들이 이 책을 꼼꼼히 읽고 훈련하신다면 지금보다 훨씬 멋진 프레젠터가 될 것이라는 것을.

이 책의 구성은 이렇습니다.

1. 도입

역할 모델
프레젠테이션의 개념

좋은 스피치를 하기 위해서는 좋은 역할 모델이 필요합니다. 역할 모델은 자기의 목표가 되기도 하고 모니터의 척도가 되기도 합니다. 저는 전달과 연출의 달인 두 명의 프레젠터를 소개함으로써 여러분에게 방향을 제시하겠습니다. 그리고 그것을 기준으로 프레젠테이션이란 과연 어떤 것인지 컨셉(concept)을 잡겠습니다.

2. 본론

프레젠테이션을 잘하기 위한 지식(상위인지) + 기획, 구성, 전달의 비밀

스티브 잡스처럼 프레젠테이션을……. 각종 책과 기사는 우리더러 스티브 잡스가 되라고 말합니다. 그러나 그의 스피치 특징은 이야기하지만 어떻게 그렇게 될 수 있는지는 말하지 않습니다. 스티브 잡스는 상황을 통제하는 능력이 뛰어난 사람입니다. 본론에서는 바로 이 상황 통제력(상위인지)에 대해 알아봅니다.

상위인지(meta-cognition)는 상황을 통제하면서 프레젠테이션을 이끌 수 있는 능력입니다. 결국 이 능력을 향상시키지 못했기 때문에 원점이었습니다. 학문적 바탕 없이는 아무리 연습해봐야 제자리입니다. 상위인지의 개념을 이해하고 그것을 향상시키는 방법을 알아보겠습니다. 덤으로 프레젠테이션에서 바로 사용할 수 있는 몇 가지 유익한 커뮤니케이션 이론들도 소개해드립니다.

또한 스피치 구성요인을 바탕으로 전달의 비밀들을 알려드립니다. 멋진 목소리로 심사위원들을 압도하는 방법, 멋진 움직임과 제스처, 강렬한 눈빛으로 감동을 주는 비언어적 방법, 자신을 돋보이게 하는 의상과 분장 기술, 그리고 내용을 구성, 기획할 때 고려해야 할 5가지 원칙들을 설명해드립니다. 이런 기획, 구성, 전달의 비밀들을 통해 파워 프레젠터가 될 수 있습니다.

3. 적용

스피치 향상 방법 + 시간별 + 준비 단계별 + 발표 단계별 준비 방법

이제는 그동안 배운 내용을 바탕으로 적용하는 단계입니다. 우선 상위 인지를 높이기 위해 평상시에 할 수 있는 스피치 훈련 방법을 알려드리겠습니다. 프레젠테이션을 잘하기 위해서는 기본 스피치 훈련을 게을리하면 안 됩니다.

실전으로 들어가서 한 달 전, 일주일 전, 하루 전, 그리고 당일에 어떤 준비와 연습을 해야 하는지, 기획과 구성에 있어서 고려해야 할 점들은 무엇이 있는지, 마지막으로 발표 순서대로 인사와 도입, 본론, 결론, 마무리

는 어떻게 하는지 발표 단계별 요령을 알려드리겠습니다.

여러 업체의 프레젠테이션 컨설팅을 하면서 느낀 점은 기획과 구성에는 공을 들이지만, 정작 프레젠터의 훈련과 준비는 간과한다는 점입니다. 물론 기획과 구성, 중요합니다. 하지만 프레젠테이션의 성패는 전달력이 좌우합니다.

그동안의 프레젠테이션을 보면 슬라이드 내용을 잘 읽는 사람이 프레젠터였습니다. 프레젠터의 역할을 '리더(reader)'로 국한시켰습니다. 프레젠터를 상황을 새롭게 만들어가는 '크리에이티브 스피커(creative speaker)'로 인식하고 훈련한다면 그 프레젠테이션은 성공을 넘어 감동을 줄 것입니다. 늦지 않았습니다. 자 그럼 지금 시작해볼까요?

001

CONCEPT

—

피트니스 센터에서 달리기를 할 때를 생각해보시죠. 러닝머신(트레드밀)에서 달릴 때 벨트 앞쪽에서 뛸 때와 벨트 뒤쪽에서 뛸 때 차이를 아십니까? 미리 마음의 준비를 하고 앞서 나갈 때 더 많이 더 효율적으로 뛸 수 있습니다. 벨트 뒤쪽에서 뛰다 보면 기계 속도에 밀리다 결국은 지치죠. 프레젠테이션도 마찬가지입니다. 앞서 나간다는 기분으로 다양한 시도와 적극적인 접근이 필요합니다.

우리의 역할 모델이 될 이 시대의 프레젠터를 그럼 소개하겠습니다. 바로 미국의 오바마 대통령과 애플사의 스티브 잡스입니다. 스티브 잡스는 워낙 유명한 프레젠터라 이해가 가시겠지만, 버락 오바마는 의외라고요? 오바마는 훌륭한 프레젠터입니다. 설마 프레젠테이션을 단순히 슬라이드를 가지고 하는 스피치라고 이해하고 계신 것은 아니겠죠?

슬라이드가 없으면 한 마디도 하지 못하는 사람이 있습니다. 프레젠터는 슬라이드를 읽어주는 사람이 아닙니다. 슬라이드는 프레젠터를 도와주는 보조 자료일 뿐입니다. 여러분의 프레젠테이션 능력을 알고 싶으시다면 물음표(?) 하나 있는 슬라이드를 가지고 몇 분이나 이야기할 수 있는지 실험해보십시오. 프레젠테이션은 효과적인 전달과 설득이지 슬라이드를 단순히 보여주거나 읽어주는 것이 아닙니다.

그동안의 프레젠테이션은 프레젠터가 좋은 소리로 열심히 내용을 읽고 (그것도 책을 읽는 말투로) 슬라이드를 단순히 넘기는 구조였습니다. 컨셉의 변화가 필요합니다. 프레젠테이션은 프레젠터가 주도하는 스피치입니다. 구석에서 열심히 읽는 것은 프레젠테이션이 아닙니다. 이렇게 생각을 바꾼다면 버락 오바마가 좋은 프레젠터라는 것에 동의하실 겁니다. 전달에 있어 어떤 특징을 가지고 있는지 살펴보죠.

1. 이 시대의 진정한 프레젠터

전달의 달인 : 버락 오바마

2004년 7월 27일 보스턴에서 열렸던 민주당 전당대회 기조 연설을 하기 전까지 주 상원으로 정치 신인에 불과했던 오바마가 지금의 위치까지 오게 된 결정적 이유는 자신을 판매하는 효과적인 프레젠테이션, 스피치 능력 때문이라고 해도 과언이 아닐 것입니다. 그는 자신의 생각과 이미지를 판매하는 데 탁월합니다. 역사상 가장 훌륭한 스피커라고 평가받는 마틴 루터 킹 목사와 견줄 만합니다.

의제 설정(agenda-setting)을 잘합니다.

이야기의 헤드라인을 잘 선정한다는 의미입니다. 사회적 흐름과 변화를 제대로 파악하고 그것을 압축한 형태로 선정하는 것이지요. 오바마는 '통합'과 '변화'라는 의제를 선점했고 그것을 강조했습니다.

토론을 보더라도 개념을 어떻게 정의하는지에 따라 토론의 승패가 좌우되곤 합니다. 대학의 기여 입학제와 관련된 토론에서 물질적 기부만을 말하는 기부인지 아니면 사회적 봉사 같은 나눔의 기부인지를 어떻게 정리하고 강조하는지에 따라 토론의 방향이 달라집니다. 말을 하더라도 말하고자 하는 바가 명확해야 합니다.

프레젠테이션도 마찬가지입니다. 사회적 트렌드와 제반 상황을 파악한 후 자기가 말하고자 하는 개념을 압축해야 합니다. 그 개념이 프레젠테이션 내내 강조되어야 함은 물론 슬라이드 구성 역시 이 원칙에서 벗어나면 안 됩니다. 그럴 때 사람들은 통일성을 느끼고 말하는 사람의 의중을 파악할 수 있습니다. 즉 프레젠테이션의 컨셉, 결정적 메시지가 있어야 합니다. 이것은 다양한 자료 조사와 치밀한 분석, 수많은 논의와 고민을 통해 만들어집니다. 그런데 그동안의 프레젠테이션은 산만하고 강조하고자 하는 바가 너무나 많았습니다.

반복했습니다.

자신이 말하고자 하는 핵심 내용을 반복했습니다. 반복의 기술은 대단히 효과적인 방법입니다. 제가 《파워 스피치》에서 스피치 달인으로 꼽은 히틀러 역시 반복의 기술을 사용했고 마틴 루터 킹 역시 그렇습니다.

오바마는 자신의 이야기를 강조하기 위해 반복했습니다. 그가 즐겨 쓰는 단어는 'american' 'yes, we can' 'one voice' 'change' 등입니다. 2004년 민주당 전당대회에서 그는 이렇게 말했습니다. "오늘밤 나는 그들에게 말합니다. 진보의 미국, 보수의 미국이 따로 있는 것이 아닙니다. 오직 하나의 미합중국만이 있을 뿐입니다. 흑인의 미국도, 백인의 미국도, 라틴계 미국도, 아시아계 미국도 없습니다. 오직 미합중국만이 존재할 뿐입니다." 오바마는 자신의 통합 의제를 강조하기 위해 주요 단어를 반복함으로써 사람들에게 각인시켰습니다. 마틴 루터 킹은 '나에겐 꿈이 있습니다'란 말을 사용했죠.

청중이 힘들어하는 것 중에 하나가 정보 과잉입니다. 특히 흥미가 없고 특별한 동기도 없는 프레젠테이션은 사람들이 듣기를 쉽게 포기하죠. 따라서 몇 가지 키워드를 사례와 같이 반복하는 것이 효과적일 수 있습니다.

키워드가 각인되면 사람들은 나중에 스스로 찾아서 그 내용을 알고자 합니다.

오바마와 힐러리의 스피치 스타일을 단적으로 보여주는 일화가 있습니다. 작은 카운티에서 한 시간 간격으로 같은 장소에서 두 후보의 연설이 있었습니다. 먼저 도착한 오바마가 연설을 시작합니다. 그런데 장소는 300명이 채 들어가기도 버거운 작은 강당이었습니다. 한 시간의 연설이 예정되어 있었지만 오바마는 변화와 희망을 이야기하고 20분 만에 연설을 마쳤습니다. 서 있는 많은 사람들의 불편함을 이해했기 때문입니다. 한 시간 뒤에 도착한 힐러리는 다른 방법을 사용했습니다. 작은 마을에 많은 사람이 운집한 것을 보고 신이 나서 예정된 시간보다 30분이 넘도록 연설을 했습니다. 키워드 중심보다는 꼼꼼히 논리적으로 자신의 공약을 설명했죠. 연설이 끝났을 때 청중의 반은 집으로 돌아간 뒤였습니다.

자신의 입장에서 보면 프레젠테이션 내용은 모두 중요합니다. 그렇기 때문에 가급적 많이 전달하고자 무리를 합니다. 청중의 상황이나 여건을 고려하기보다는 내 중심으로 전달하죠. 사람들에게 자극을 주고 공감할 수 있도록 하면 사람들은 관심을 가지고 찾아봅니다. 청중과 동떨어진 일방향적인 전달은 의미가 없습니다. 특히 나누어진 유인물과 동일하게 슬라이드를 읽는 것은 최악입니다. 사람들에게 다 전해주려 하기보다는 철저히 청중 중심에서 자신의 강조점을 부각시키면 사람들은 시키지 않아도 관심을 가지고 지켜볼 것입니다.

좋은 음성과 비언어적 요소(눈맞춤, 제스처, 공간언어 등)를 가졌습니다.

일단 안정적이고 매력적인 음성은 사람의 마음을 사로잡습니다. 저는 일명 '선방 효과' 라는 표현을 씁니다. 아나운서들이 어디 가서 주목을 받는 것은 안정적이고 매력적인 음성 때문입니다. 이 비밀은 3장에서 속 시원하게 풀어드리죠. 여러분도 훈련을 통해 충분히 가능합니다.

오바마가 좋은 음성을 가진 것은 선천적인 요소도 무시할 수 없지만, 모니터를 통한 자기 훈련이 큰 몫을 했습니다. 오바마의 스피치 팀은 최고 수준입니다. 그의 연설 모습을 보면 자연스럽고 청중과 늘 함께합니다. 제스처와 움직임은 역동적으로 보이게 하죠. 또한 무대를 적절히 움직이면서 활용해 주목을 받습니다. 그동안의 프레젠테이션은 주목받지 못하는 한 구석에서 프레젠터가 열심히 읽는 수준이었습니다. 이제는 무대 중앙으로 나와 청중과 호흡하는 역동적인 프레젠테이션이 필요합니다.

자기 노출을 잘합니다.

오바마는 자신에 대해 이야기하는 것을 꺼리지 않습니다. 물론 미국적 분위기가 그렇기는 하지만 그는 자기 이야기를 통해 청중들과 관계를 맺습니다. '버락' 이라는 케냐 이름을 갖게 된 이야기, 어려운 집안 이야기,

빼빼 마른 자신의 신체까지도 대중 연설에서 말함으로써 듣는 사람은 친근감을 느낍니다. 공감적 스피치의 달인 오프라 윈프리도 성추행당한 사람과의 인터뷰에서 어린 시절 성추행당한 사실을 말함으로써 청중들과 좋은 관계를 형성했습니다. 자기 노출은 부끄러운 것이 아니라 공감적 관계 형성을 위해 필수적인 것입니다.

그동안의 프레젠테이션은 공식적이고 객관적이고 심지어 권위적이기까지 했습니다. 자기의 경험담이나 사례보다는 객관적 데이터를 훨씬 더 중시했습니다. 말 잘하는 사람들의 공통된 특징은 자기 노출입니다. 적절한 자기 노출을 통해 프레젠터의 호감도를 높이는 것이 필요합니다. 왜냐하면 프레젠테이션은 그 자체로도 중요하지만 프레젠테이션 전, 후의 인간적 관계도 중요하기 때문입니다.

상황 의존적 스피치를 잘합니다.

20분 정도 전국에 생중계되는 연설이 있었습니다. 오바마가 들어서는데 너무나 많은 청중들이 기립해서 열광적인 반응을 보여주었습니다. 오바마는 바로 연설을 시작하지 않고 사람들을 진정시킨 후 5분 정도 그들과 인사하며 교감했습니다. 그리고 대략 15분 정도의 스피치를 합니다. 예정된 원고가 있었겠지만 과감히 생략하며 그 상황에 충실한 프레젠테이션을 한 거죠.

만약 앞선 프레젠테이션이 늘어져서 11시 45분에 우리 프레젠테이션이 시작됐다고 합시다. 우리에게 주어진 시간은 30분입니다. 물론 최종 심의 프레젠테이션은 문제가 다르겠지만, 단지 상대방에게 제안이나 제품을 소개하는 자리라고 한다면, 점심시간을 넘기면서 하는 프레젠테이션이 과연 효과적일까요? 시나리오를 그대로 읽는 프레젠터라면 할 수 없지만, 제 책에서 주장하는 '크리에이티브 스피커(creative speaker)'라면 12시 5분 정도에 마치겠죠. 그리고 하는 마지막 한 마디, "식사 맛있게 하십시오."

스토리텔링(story-telling)의 달인입니다.

오바마의 스피치를 들어보면 자연스러운 리듬으로 대화하는 것 같은 느낌이 듭니다. 심지어 프롬프터를 사용해서 원고를 읽을 때도 자연스럽죠. 그 비밀은 유사언어에 있습니다. 유사언어에 대해서는 곧 알게 되실 겁니다. 생각해보십시오. 어떤 사람이 나와서 원고를 그냥 그대로 읽는다면 집중이 될까요? 아니죠. 사람과 눈을 맞추며 부드럽고 자연스러운 리듬으로 이야기를 할 때 집중합니다. 원고를 읽을 거라면 유인물을 가져가면 되죠. 우리는 쉽게 착각합니다. 정확히 시나리오를 읽으면 사람들이 들을 것이라고 생각하지만 그렇지 않습니다. 대화하지 않고 일방향적으로 원고를 읽는 순간 사람들은 집중하지 않습니다.

또 오마바는 사례나 경험담 등 이야기 구조를 통해 전달을 합니다. 사람은 사람 이야기에 관심을 가집니다. 오바마는 이야기 구조를 통해 자신이 말하고자 하는 바를 정확히 전달합니다. 주로 '사례 제시 – 문제 제기 –

대안 제시 – 사례 제시' 의 방법을 즐겨 사용합니다.

2008년 3월 필라델피아에서 오바마는 인종 문제와 관련된 명연설을 합니다. 인종 문제는 오바마 자신에게 치명적일 수 있지만 정면 승부를 합니다. 자신의 스승인 라이트 목사와 절연하기 위한 비장의 연설이죠. 그는 마지막에 다음과 같은 이야기로 마무리합니다.

"23세의 백인 여성이 있습니다. 이름은 애슐리 바이아. 그녀는 사우스 캐롤라이나의 플로렌스에서 우리의 선거운동을 위해 조직을 꾸렸습니다. 그녀는 선거 캠페인 초기부터 주로 흑인 공동체를 조직해왔습니다. 어느 날, 사람들이 모여서 왜 선거 캠페인에 참여하게 됐는지 이야기를 나누게 되었습니다. 그 자리에 그녀도 끼어 있었습니다.

애슐리는 자신이 아홉 살 때 어머니가 암에 걸렸다고 말했습니다. 어머니는 어쩔 수 없이 며칠 결근을 했고, 결국 그로 인해 해고를 당했습니다. 그래서 건강보험도 상실했지요. 애슐리 가족은 파산 신청을 할 수밖에 없었고, 애슐리는 그때 어머니를 돕기 위해 뭔가 해야만 한다고 결심했다고 합니다.

그녀는 생활비 중 식비가 가장 많이 든다는 걸 알았고, 어머니에게 자신이 가장 좋아하는 음식은 겨자소스가 들어간 샌드위치라고 거짓말을 했습니다. 당시 그게 가장 저렴하게 끼니를 때우는 방법이었거든요.

애슐리는 엄마의 병이 나을 때까지 1년 동안 그렇게 했습니다. 그녀는 토론회에 참석한 사람들에게, 자신이 선거운동에 동참한 이유는, 자신처럼 부모를 돕고 싶고 또 도와야만 하는 수백만의 어린이를 도울 수 있을 것 같았기 때문이라고 말했습니다.

애슐리는 다른 선택을 할 수도 있었습니다. 아마 혹자는 그녀에게, 네 엄마의 문제는 복지 혜택을 받으면서 일 안 하고 게으르게 사는 흑인이나 히스패닉 불법 이민자들 때문이라고 말했을 겁니다. 하지만 그녀는 다른 선택을 하지 않았습니다. 그녀는 부당함에 맞서 싸울 연대를 찾아나섰습니다.

애슐리는 그렇게 자신의 이야기를 끝내고, 다른 사람들에게 왜 선거 캠페인에 참여하게 됐는지 물어봅니다. 사람들에겐 저마다 다른 사연과 이유가 있었습니다. 많은 사람이 구체적인 사연들을 얘기합니다. 그리고 마지막으로 내내 조용히 듣고만 있던 나이 지긋한 흑인 차례가 됐습니다. 애슐리가 이 흑인에게 물었습니다. 흑인은 구체적인 이슈를 들먹이지 않습니다. 건강보험이나 경제에 대해 얘기하는 것도 아닙니다. 교육이나 전쟁에 대한 얘기도 아닙니다. 버락 오바마 때문에 온 것이라고 말하지도 않습니다. 다만 짧게, '나는 애슐리 때문에 여기 있습니다'라고 말합니다.

'나는 애슐리 때문에 여기 있습니다' 이 말만으로는, 젊은 백인 여성과 나이든 흑인 남성 간의 그 짧은 인식의 순간을 설명할 수 없습니다. 아픈 사람에게 건강보험 혜택을 주고, 실직자에게 일자리를 주고, 우리

연출과 준비의 달인 : **스티브 잡스**

애플의 창업주이자 아이폰 신화의 주역인 스티브 잡스의 건강은 어느 정도의 가치가 있을까요? 증시 전문가들은 약 700억 달러(70조 원)의 가치가 있다는 평가를 내놨습니다. 그의 건강에 이상이 감지되면 애플의 주가는 요동칩니다. 특히 2004년 췌장암 수술 이후 더 심해지고 있죠. 그만큼 애플에서 그의 위상은 대단합니다. 그는 신제품이 나올 때마다 직접 프레젠테이션을 하기로 유명하죠. 그리고 너무나 훌륭히 잘해 ‘프레젠테이션의 신’ 이라는 별명까지 있습니다. 그의 프레젠테이션 노하우를 알아보죠.

쇼를 합니다.

그의 프레젠테이션은 한 편의 콘서트 같습니다. 음악이 나오고 그는 슬라이드를 지배하며 청중과 함께 교감합니다. 보여주고 실행하고 즐깁니다. 아이패드(iPad) 출시 프레젠테이션에서도 슬라이드를 통해 아이패드를 보여주고 다시 실제 아이패드를 보여주며 사람들의 호기심을 배가시킵니다. 제품이 주는 혜택과 이익을 멋진 형용사(just Gorgeos, awesome)를 동원해 설명하고 직접 그 기능들을 시연해 보입니다. 하나의 연극 무대, 쇼를 합니다.

히틀러 역시 쇼를 한 스피치의 달인입니다. 그의 동영상을 보면 깜짝 놀라실 겁니다. 그는 등장할 때 앞에서 등장하지 않습니다. 뒤에서 등장하며 반드시 그의 주제곡인 바덴바일러 행진곡(Badenweiler March)을 틉니다. 앞에 있는 사람은 뒤에서 들려오는 소리들로 흥분하죠. 무대에 선 히틀러는 약한 제스처에서 강한 제스처로 힘을 모아가며 한 편의 연극을 합니다.

스티브 잡스 역시 철저한 공연 연출처럼 아니 방송처럼 프레젠테이션을 합니다. 그의 전체 동영상을 보면 제 말에 수긍하실 겁니다. 아이팟(iPod)을 보여주기 전, 슬라이드 화면에서 트럼프를 보여줍니다. 여러 각도에서 보여주며 트럼프의 크기가 얼마나 작은지 알려주죠. 그리고 그의 손에 나타난 아이팟. 그는 그것을 바지 호주머니에 집어넣으면서 아이팟의 사이즈의 장점을 극대화시킵니다.

그리고 스티브 잡스는 우리처럼 무대 구석에서 프레젠테이션을 하는 게 아니라 무대 전체를 활용하며 한 편의 연극을 합니다. 슬라이드는 보조 자료로서 프레젠터를 도와줄 뿐입니다.

철저한 준비를 합니다.

스티브 잡스가 '쇼'를 할 수 있는 것은 철저한 연습을 하기 때문입니다.

말 잘하는 사람들은 타고난 것이 아닙니다. 말더듬이였던 처칠도 부단한 연습으로 명연설가가 되었고, 대화의 달인 래리 킹도 자신의 애완견과 말하기 연습을 했다는 일화가 있습니다.

스티브 잡스는 신제품 출시 여러 달 전부터 연습을 합니다. 스티브 잡스 역할을 하는 사람 두 명과 같이 연습을 한다고 하죠. 혹시나 당일 자신에게 발표를 못 하게 되는 문제가 생기는 경우 그 사람이 대신 발표하도록 하죠. 그의 프레젠테이션장에는 듀얼 프롬프터(현재의 슬라이드와 다음의 슬라이드를 보여주는 장치)와 발전기, 수많은 백업 기기 들이 즐비합니다. 또한 시연 시나리오, 큐카드(스피치 개요서) 등을 준비해 어느 시점에서 질문을 던지고 물을 마실지도 철저히 계획합니다. 마치 연극을 준비하듯이 오래전부터 준비하죠. 그런 준비 과정을 통해 열정과 에너지, 그리고 자신감이 무대에서 발산되는 것입니다.

그런데 우리는 얼마나 많이 프레젠테이션 연습을 하나요? 대부분의 기업이 기획과 슬라이드 구성에 목숨을 겁니다. 물론 그 부분도 중요하지만 전달이 결국 마무리죠. 프레젠터는 오래전부터 치밀하게 준비하면서 기획과 구성에 참여해야 합니다.

어느 기업은 목소리가 좋다는 이유로 프레젠테이션 팀이 아닌 다른 부서의 부장을 프레젠터로 선정했습니다. 생각해보십시오. 내가 오랫동안 살아온 우리집을 설명하는 것과 얼마 전 들은 다른 친구의 집을 소개하는 것은 뉘앙스에서 많은 차이가 있습니다. 이런 작은 차이가 모여져서 승패를 좌우하죠. 4장에서 어떻게 전달 준비를 해야 하는지 자세히 알려드리겠습니다.

적시성을 잘 활용합니다.

만약 우리 기업에서 신제품이 출시되어 프레젠테이션을 한다면 어떻게 시작하는 것이 좋을까요? 제품을 먼저 보여주고 제품 사용을 꼼꼼하게 설명하는 것이 그동안의 방식일 겁니다. 스티브 잡스는 '감성 접근 – 이성 접근 – 감성 접근'이라는 공식을 사용합니다. 청중이 필요한 것만 골라 듣는다는 '선택적 지각'을 정확히 이해하는 거죠.

우선 도입 부분에서 궁금증과 호기심을 증폭시킨 후 자신의 제품을 이성적으로 설명하고 시연합니다. 그리고 다시 제품의 이미지와 앞으로의 생활 변화를 상상하도록 만들죠. 이때 단순한 텍스트와 영상, 음악이 동원됩니다. 처음부터 쏟아지는 수많은 자료와 기기 사양은 곧 사람을 지치게 만들죠. 윈튼 마셜리스의 음악 연주로 프레젠테이션을 마치기까지 합니다. 프레젠테이션을 하나의 예술 공연으로 생각합니다. 그렇기 때문에 '오버 – 텍스트'는 죄악이라는 말까지 하죠.

스토리텔링을 잘합니다.

오바마처럼 원고를 읽지 않고 청중과 대화하는 것은 기본입니다. 그는 프레젠테이션에서 많은 연사들을 불러내죠. 자신의 신제품을 가지고 직원과 소통하고 마돈나 같은 유명 인사와도 연결합니다. 그 사람들의 입을 통해 제품의 특징들을 말하게 하죠. 기본적으로 원고 없이 무대를 장악하고 스토리텔링하기 위해서는 철저한 준비와 노력이 선행되어야 합니다.

그의 프레젠테이션은 3단계의 구조를 가지고 있습니다. 제품의 3가지 기능을 설명하고 그 기능을 각각 설명합니다. 그리고 마지막으로 기능을 요약하죠. 결국 제품의 기능과 특징을 3번이나 반복하는 겁니다. 간결한 비주얼과 텍스트를 가지고 자유자재로 의미를 부여하고 스토리텔링합니다.

의미 부여 능력이 탁월합니다.

2010년 6월 아이폰 4G의 프레젠테이션에서 스티브 잡스는 페이스 타임(Face Time, 화상통화 기능)을 소개합니다. 일찍이 소개된 기능이라 새로울 것이 별로 없지만, 똑같은 것을 다르게 보이도록 하는 스티브 잡스의 능력이 빛을 발합니다. 페이스 타임 소개는 몇 가지 에피소드로 구성하였습니다. 다양한 생활 속 쓰임새를 강조하며 감정을 자극합니다. 군대에 있는 남자가 병원에 누워 있는 아내와 통화하며 아이의 초음파 사진을 같이 보고 감격하는 장면, 연인인 두 청각 장애인이 페이스 타임을 통해 표정과 눈빛으로 사랑의 대화를 나누는 장면을 보여주며 이 기능의 우수성을 감성으로 포장합니다.

또한 앱스토어(애플의 응용 프로그램 상점)에 22만 5천 개의 응용 프로그램이 있는 반면, 경쟁 관계인 안드로이드 마켓에는 6만 개뿐이라고 규정하며 아이폰의 우수성을 강조합니다. 그런데 실상 따지고 보면 이전부터 누적된 구식 응용 프로그램은 의미가 없음에도 불구하고 단순한 수치로 아이폰의 우수성을 포장한 것입니다. 더 나아가 아이폰 4의 경쟁력으로 화질을 언급하며 'Retina Display(망막 디스플레이)' 라는 새로운 용어를 만들어 상대사와의 차별성을 이야기합니다. 그런데 실상 전문가들은 전반적인 화질에 있어서는 상대사가 더 좋은 기술을 가지고 있다고 평가하며 '위조 과학 용어' 라는 비난을 하죠.

결국 중요한 것은 청중들에게 무엇을 생각하도록 만드느냐입니다. 청중들의 생각을 조절하는 것이죠. 어쩌면 스티브 잡스의 가장 큰 능력은 헌것도 새것으로 만들어 소비자들에게 팔 수 있는 '설득 능력' 이라고 할 수 있습니다.

어떠세요? 공감이 가십니까? 지금까지 여러분이 본 프레젠테이션과 어떤 차이가 있나요? 두 명의 훌륭한 프레젠터에게는 특징적인 공통점 2가지가 있습니다.

첫째, 스피치 구성요인이 뛰어나다는 점입니다. 대화체 리듬감과 적절한 움직임, 눈맞춤, 단순하면서 간결한 메시지 등을 활용합니다.

둘째, 상황을 통제하여 말한다는 점입니다. 예정된 시나리오로 프레젠테이션을 한다면 기계가 가장 잘할 겁니다. 하지만 우리의 프레젠테이션은 너무나 많은 변수가 있습니다. 기계의 오작동, 날씨, 공간, 청중 반응, 시간, 자신의 건강 상태 등 생각하기도 싫은 여러 가지 변수들이 있습니다.

스티브 잡스와 오바마는 상황을 통제하여 조절합니다. 이 비밀은 바로 상위인지에 있습니다. 이 책의 핵심 키워드를 한 마디로 요약하라고 한다면 바로 상위인지입니다. 바로 이 능력을 이해하고 훈련할 때 스티브 잡스, 오바마처럼 말을 잘할 수 있습니다. 그동안의 책들은 그들의 말하는 특징만 정리해 보여줬습니다. 하지만 그들의 말하는 특징을 단순히 아는 것이 중요한 것이 아니라 어떻게 그들처럼 할 수 있는지가 더 중요합니다.

우리는 이제 이 역할 모델을 가지고 그 사람처럼 아니 그 이상이 되기 위한 여정에 돌입할 겁니다. 그럼 이 두 사람의 모습을 통해서 프레젠테이션을 재정의해볼까요?

2. 프레젠테이션이란?

프레젠테이션의 정의를 알아보기 전에 먼저 스피치의 정확한 개념부터 알아야 할 겁니다. 저는 이렇게 스피치를 정의합니다.

"내가 가진 콘텐츠를 잘 표현해서 다른 사람을 설득하는 작업이다."

　3가지 개념이 나오죠? 먼저 콘텐츠입니다. 말을 잘하는 사람은 우선 많이 압니다. 많이 보고 느끼고 경험할 때 좋은 이야기를 할 수 있겠죠. 프레젠테이션도 마찬가지입니다. 기획 단계에서 철저한 자료 조사와 많은 사람들의 아이디어가 녹아 들어갈 때 내용이 풍성해집니다. 물론 방향성 없이 쓸데없는 정보를 조사하는 것도 문제이지만 기본적으로는 많은 정보가 곧 힘입니다.

　또 구성이 중요합니다. 말하는 데는 시간이라는 제약이 있습니다. 그렇다면 많은 정보 중 중요한 정보를 압축하고 적절히 배치하는 것이 중요하겠죠? 단순히 많은 데이터를 가지고 있는 것이 중요한 것이 아니라 그것을 잘 분류해서 의미를 부여하는 작업이 필요합니다. 그럴 때 그 정보는 빛을 발하게 되죠. 오바마가 '변화' 라는 키워드를 뽑은 것은 수많은 사회적 트렌드와 자료를 모은 결과입니다.

　서로 다른 유형의 사람이 있습니다. 한 사람은 말할 때 처음에 잘하고 중간은 헤매다가 끝부분에 잘합니다. 두 번째 사람은 처음에 헤매다가 점차 말을 잘합니다. 이 두 사람 중 어떤 사람이 말을 더 잘하는 것으로 사람들이 느꼈을까요? 네, 처음 사람입니다. 사람들은 처음과 끝부분을 중요하게 생각합니다. 특히 긴 시간의 연설이나 강의, 프레젠테이션은 더욱 그렇죠. 이것을 학문적으로 '적시성' 이라고 표현합니다. 15분의 스피치에서 사람들은 서서히 말을 잘하는 사람보다 서론과 결론을 효과적으로 전달한 사람에게 더 집중했습니다.

콘텐츠에서 아이디어 역시 중요합니다. 그럼 스피치에서 아이디어는 어떻게 나올까요? 저는 사례, 비유라고 생각합니다. 연구의 진척을 이야기할 때 단순히 20.45%라고 이야기하는 것보다는 우리가 도달해야 할 곳을 가로막는 문이 10개가 있는데 8개를 열었다고 표현하는 것이 훨씬 잘 들립니다. 오바마, 마틴 루터 킹, 히틀러, 예수 모두 사례, 비유에 능한 소통의 달인들이었습니다.

두 번째 개념은 표현입니다. 표현은 보통 언어와 비언어로 구분되죠. 제가 강조하고 싶은 것은 비언어입니다. 제가 박사논문을 쓸 때 이런 설문조사를 했습니다. 공중파 아나운서를 대상으로 방송인 중에서 말 잘하는 사람이 누구인지 개방형을 물어봤습니다. 스피치 커뮤니케이션 첫 논문으로 우리나라에서 말 잘하는 사람의 기준이 필요했기 때문입니다. 시사·교양 분야에선 손석희 교수가 1위를 했고, 쇼·오락 분야에서는 유재석 씨였습니다. 재미있었던 것은 쇼·오락 분야에서 2위는 김제동 씨였다는 점입니다. 사실 말로만 놓고 보면 김제동 씨가 다변입니다. 김제동 어록이 나올 만큼 많이 알고 말이 많죠. 그런데 왜 이런 결과가 나왔을까요?

유재석과 김제동의 영상물을 가지고 550명을 대상으로 2차 유사 실험을 해봤습니다. 그 결과는 이랬습니다. 유재석과 김제동 모두 고만고만하게 생겼는데 그 중에서 유재석이 조금 더 잘생긴 것으로 사람들이 느꼈고, 더 나아가 김제동은 말할 때 턱을 들고 톤이 높아 대드는 느낌이라면, 유재석은 누군가를 배려하는 듯한 제스처가 좋은 영향을 미쳤던 겁니다.

사람들은 스피치를 이성적이고 논리적으로 받아들이지 않습니다. 스피치는 이미지이며 퍼포먼스(performance)입니다. 메라비안이라는 학자는 메시지 전달에 있어 비언어 55%, 음색 38%, 메시지 7%라는 결과를 내놨습니다. 즉 내용도 중요하지만 그 내용을 담는 그릇도 중요하다는 겁니다. 스피치를 잘 모르는 사람은 비언어가 절대적이라고 하는데 실상은 그렇지 않습니다. 시간이 지나면서 무엇이 중요해질까요? 맞습니다. 콘텐츠입니다. 그런데 우리의 프레젠테이션은 시간이 한정되어 있으므로 초반의 비언어적 표현들이 상당한 영향력을 가진다고 볼 수 있습니다.

그리고 프레젠테이션을 할 때 구석에서 원고를 읽는다면 좋은 느낌을 줄까요? 우리는 언어에만 집착했지 정작 더 중요한 비언어는 소홀히 했습니다. 주로 연단 뒤에 숨어 틀리지 않도록 조심스럽게 접근했습니다. 하지만 이제는 무대로 나와야 합니다.

끝으로 설득입니다. 이렇게 가정해볼까요? 여러분이 음주운전을 하다 적발돼 면허취소 위기에 있습니다. 다음날 출근해 다른 업체의 프레젠테이션을 참관하고 있다고 생각해봅시다. 그 내용이 귀에 들어오나요? 아니죠, 머리는 하얘지고 만감이 교차하겠죠.

사람들은 선택적으로 지각합니다. '선택적 노출 – 이해 – 기억 – 태도변화 혹은 행동'을 하는 것이 설득의 과정입니다. 즉 사람들이 들을 수 있도록 만들어야 한다는 거죠. 자신이 하고 싶은 이야기를 '배설'한다고 해서 사람들이 듣는 것은 아닙니다. 사람과의 공감대를 형성하는 그 무엇인가가 필요합니다. 스티브 잡스는 도입 부분에서 사람들의 욕구를 자극하는 그 무언가를 시도합니다.

자, 기억하시죠. 스피치는 내가 가진 콘텐츠를 잘 표현해서 다른 사람을 설득하는 작업입니다. 그럼 프레젠테이션이란 과연 무엇일까요?

프레젠테이션은 프레젠터가 주도하는 정보 전달과 설득 스피치입니다.

3가지 개념이 나옵니다. 프레젠터 주도, 정보 전달, 설득입니다. 계속 강조드리지만 그동안의 프레젠테이션은 슬라이드 중심이었습니다. 프레젠터는 구석에서 열심히 시나리오를 읽는 사람이었죠. 주도한다는 것은 프레젠터의 언어가 주가 되어야 하며 모든 과정이 프레젠터 중심으로 움직인다는 의미입니다. 따라서 프레젠터는 제반 상황을 고려하여 완급 조절을 해야 합니다.

모 기업의 컨설팅 시 슬라이드 안으로 들어가서 슬라이드 내용을 가리키도록 요구를 했습니다. 특별한 강조를 위한 방법이지요. 그런데 한 임원께서 이런 말씀을 하시더군요. 슬라이드를 사람이 가리는 것은 프레젠테이션의 원칙에 위배된다고 말이죠. 프레젠테이션의 원칙은 효과적인 전달입니다. 그 목적을 위해 특별한 규정이라는 것이 없습니다. 외국의 프레젠테이션을 보면 무대 전체를 활용하고 때로는 슬라이드 빛 안으로 들어갑니다. 그러나 아시겠지만 원고가 있는 연단 밖으로 나가는 것은 강심장과 치밀한 훈련이 필요합니다. 소위 '돌아오지 못하는 길'을 떠난다는 표현을 쓰기도 하더군요. 결국 상위인지 능력만이 살길입니다.

다음은 정보 전달 스피치입니다. 정보 전달이란 잘 이해하도록 설명하는 것을 말합니다. 한마디로 전달력이죠. 좋은 음성과 발음, 자연스러운 리듬감은 사람들이 잘 들도록 만듭니다. 명확하고 간결한 핵심 구성 역시 전달에 큰 도움이 됩니다. 본인이 이해하지 못한 것을 아무리 설명해봐야 다른 사람은 이해할 수 없습니다. 결국 프레젠테이션의 처음과 끝 모두에 프레젠터는 참여해야 합니다.

프레젠테이션은 설득 스피치입니다. 청중들의 태도 변화와 행동을 유도하는 작업입니다. 그러기 위해서는 철저한 청중 분석에 따른 커뮤니케이션적 접근이 필요합니다. 프레젠테이션은 프로들의 지적 게임입니다. 순진한 구성으로는 설득이 불가능합니다. 치열한 고민과 노력을 통해서만이 효과적인 설득이 가능합니다. 프레젠테이션에서 바로 사용할 수 있는 커뮤니케이션 기술은 다음 장에서 소개하겠습니다.

프레젠테이션은 미래를 상상하는 작업입니다.

앉아 있는 청중들에게 이번 제안에 따르면 어떻게 될 것인지 상상하게 만드는 것이 필요합니다. 스티브 잡스는 멋진 음악과 영상을 보여주며 "아이팟을 구매하면 이런 느낌이 들 겁니다"라고 힘주어 이야기합니다. 사람들에게 수치와 통계, 각종 특징들의 텍스트가 아닌 이 제품이 주는 의미를 전달하는 거죠.

　프레젠테이션을 할 때는 제품과 사업에 대한 의미 부여가 필요합니다. 그렇게 하기 위해서는 텍스트보다는 비주얼적인 요소를 강조해야 합니다. 비주얼 위주로 프레젠테이션을 한다는 것은 많은 정보 취합 후 적절한 압축과 기획이 필요하다는 이야기이고, 프레젠터 역시 내용을 명확히 숙지해야 한다는 것을 의미합니다. 더 나아가 고객의 잠재된 가치에 대해 깊은 고민이 있어야 가능합니다. 결국 좋은 프레젠테이션은 발표 후 청중들이 상상할 수 있도록 만들어야 합니다.

　프레젠테이션은 종합예술입니다.

　보통 프레젠테이션의 단계를 기획, 구성, 전달 3단계로 봅니다. 기획 단계에선 전반적인 자료 조사와 아이디어 개발, 핵심 메시지를 구축하죠. 그 다음으로 내용들을 배열하고 파워포인트 슬라이드를 구성합니다. 이때는 실무적인 디자인 작업이 핵심이라고 볼 수 있습니다. 전달은 리허설과 관련된 부분입니다. 프레젠터가 잘 전달할 수 있도록 제반 상황을 점검하는 단계이죠.

　완성된 프레젠테이션을 보았을 때 어느 한 부분이라도 문제가 생기면 좋은 프레젠테이션이 될 수 없습니다. 기획, 구성, 전달이 잘 조화를 이룰 때 좋은 프레젠테이션이 완성됩니다. 조금 더 미시적으로 볼까요? 프레젠테이션 당일날 프레젠터의 건강 상태, 유인물 인쇄 상태, 기기 작동 유무 등 제반 상황들이 조화를 이룰 때 좋은 프레젠테이션이 됩니다. 프레젠터 자신이 발표 내용을 어떻게 숙지하고 어떤 음성과 제스처를 하는지에 따라 결과가 달라집니다. 거시적, 미시적으로 볼 때 모두 종합예술입니다. 조화가 중요합니다.

프레젠테이션은 시나리오 중심과 스토리텔링 중심으로 구분할 수 있습니다.

기존의 프레젠테이션은 시나리오 중심이었습니다. 프레젠터는 구석에서 시나리오를 열심히 읽고, 다른 사람은 멘트에 맞추어 슬라이드를 넘기는 방식이죠. 이제는 바뀌고 있습니다. 스티브 잡스처럼 무대 중앙에 나가 청중들과 교감하며 이야기를 이끌어가는 스토리텔링 프레젠터가 대세입니다. 대학에서도 변화가 생기고 있습니다. 슬라이드가 무대 중앙이 아니라 옆으로 가고 프레젠터가 중앙으로 오는 것이죠. 즉 프레젠터가 주도하는 겁니다. 만약 프레젠터가 무대 중앙에서 슬라이드의 텍스트만 읽는다면, 즉 청중들과 눈맞춤이 없다면 이것 역시 시나리오 중심 프레젠테이션입니다. 현재까지는 시나리오 중심이지만 서서히 스토리텔링 프레젠테이션으로 가고 있음을 컨설팅을 하며 느끼고 있습니다.

시나리오 중심 프레젠테이션에서는 전달력이 가장 중요합니다. 안정된 음성과 발음으로 시나리오의 오독 없이 정확히 전달하는 것이죠. 그래서 모 기업에서는 성악가나 목소리가 좋은 사람들을 프레젠터로 양성하기도 합니다. 반면에 스토리텔링 프레젠테이션에서는 유창성(스토리텔링 능력)과 비언어가 중요합니다. 핵심 키워드를 보고 이야기를 풀어가는 능력과 무대 전체를 아우르며 비언어적 동작(제스처, 움직임, 자세, 눈동작 등)을 자연스럽게 하는 것이 중요하죠. 이 책에서는 시나리오 중심과 스토리텔링 중심 프레젠테이션에서 모두 사용할 수 있는 다양한 기술과 훈련 방법을 전해드리고자 합니다.

프레젠테이션에서는 기획, 구성, 전달 모든 부분이 중요합니다. 그러나 저는 이 책에서 전달 부분을 강조할 겁니다. 결코 기획과 구성 단계를 폄하하는 것이 아닙니다. 전달 부분에 대한 논의가 부족한 것을 지적하고 보완하기 위해서입니다. 그동안의 책을 보십시오. 아니 여러분의 프레젠테이션 준비 단계를 생각해보십시오. 전달 부분에 어떤 노력을 기울이셨습니까? 밤을 새워 원고를 외우고 읽으셨다고요? 그래서 만족하셨습니까? 말하기는 체득하는 것으로 반복적인 훈련만으로 충족되지 못합니다. 제대로 알고 실천했을 때 발전하는 것입니다. 오바마나 스티브 잡스는 대화하는 환경 속에서 자랐지만, 우리는 그렇지 못하죠. 그렇다면 좋은 전달을 하기 위해 전달의 지식(상위인지 능력)을 반드시 알아야 합니다.

전달의 중요함을 또 한 번 강조하겠습니다. 방송국에서 아나운서는 최종 전달자입니다. 제작진이 연출하고 기획한 내용을 아나운서는 최일선에서 전달합니다. 한 프로그램을 만들기 위해서 짧게는 몇 달 길게는 몇 년

TIP
최악의 5가지 PT

1. 요점이 없는 PT

두서없이 정보를 단순 나열하는 PT. 결국 전달하고자 하는 바가 부각되거나 알려지지 않아 청중은 혼란스럽고 기억하지도 않는다.

2. 청중의 이익을 알려주지 않는 PT

PT는 청중을 설득하는 과정으로 청중을 위한, 청중에 의한 스피치이다. PT와 제안을 통해 청중이 어떤 이익과 혜택을 얻는지 명확하게 전달이 되어야 한다.

3. 볼링 PT

볼링공을 굴리는 것처럼 일방향적 PT이다. 준비된 시나리오를 열심히 읽거나, 청중과 호흡하지 못하고 자기 하고 싶은 이야기만 하는 PT이다. 탁구처럼 청중과 호흡하는 것이 가장 이상적이다. 청중과 호흡한다는 것은 질문을 하거나 청중의 반응에 따라 PT를 적절히 수정하고 조율하는 것을 말한다.

4. 지루한 PT

재미가 없는 것은 죄악이다. 아무리 무거운 주제라고 하더라도 도입과 중간 부분에 유머 장치가 필요하다. 사람들이 웃는다는 것은 당신의 이야기를 들을 준비가 되어 있다는 신호이다. 따라서 청중들이 지루해하지 않도록 노력해야 한다. 자신을 희생하거나 적절한 이야기 등을 통해 분위기를 살려야 한다. 지루한 PT는 청중을 잠들게 한다.

5. 슬라이드 중심 PT

PT는 프레젠터가 주도하는 것이다. 즉 프레젠터가 중앙에 서서 내용을 조율하는 오케스트라의 지휘자가 되어야 한다. 그렇지 않고 슬라이드를 보며 단순히 읽는 것은 좋은 PT가 아니다. 그냥 읽을 바에는 차라리 유인물을 보게 하는 것이 낫다. 슬라이드를 읽는 것은 시간과 돈, 정력 낭비이다.

을 기획하죠. 드디어 방송 날이 됐습니다. 그런데 아나운서가 방송 도중 실수를 합니다. 그러면 시청자들은 어떤 반응을 보이나요? 그 프로그램 전체에 문제가 있는 것으로 생각을 하죠. 프레젠테이션도 마찬가지입니다. 아무리 오랜 시간 준비를 했어도 프레젠터가 실수한다면 치명적인 결과를 낳게 됩니다. 이제 제가 그토록 전달을 강조하는 이유를 아시겠죠?

자, 이제는 좋은 프레젠테이션을 하기 위해서 꼭 필요한 지식들을 알아보겠습니다.

PT의 롤 모델

오바마 **+** 스티브 잡스

창조적 프레젠터의 특징

스피치 구성요인(언어 + 비언어)
+
상황 통제력

PT란?

· 프레젠터가 주도하는 정보 전달, 설득 스피치
· 미래를 상상하는 작업
· 종합예술
· 시나리오 중심, 스토리텔링 중심

KNOWLEDGE

—

고대 그리스의 명연설가이자 수사학자인 데모스테네스를 알고 계십니까? 마케도니아의 필립왕이 그리스를 침공할 때 "아테네 시민들이여, 일어나라"라는 명연설로 투쟁의 불씨를 당겼습니다. 그런데 그는 사실 말을 잘하는 사람이 아니었습니다. 심지어 말더듬이였습니다. 그러던 그가 스피치의 달인으로 거듭난 것은 철저한 연습 때문입니다.

떨리는 마음을 진정시키기 위해 그는 뒷동산에 올라가 스피치 연습을 했습니다. 또 말할 때마다 어깨가 올라가는 습관을 고치기 위해 날 선 칼을 어깨 위쪽에 매달아두고 연습을 했다고 합니다. 가장 압권은 자신의 머리와 수염을 반만 밀어버린 겁니다. 깊이 있는 스피치를 위해 고전을 읽고자 했는데 집중하지 못하는 성격 탓에 자주 밖으로 나가자 이런 행동을 했죠. 그는 노력했습니다. 그리고 성취했습니다. 여러분도 시작하십시오.

1. 창조적 프레젠터가 되는 비밀 : **상위인지**

2010년 6월 8일 아이폰 4가 모습을 드러내는 순간 사람들의 눈길은 아이폰 4뿐 아니라 이를 들고 나온 스티브 잡스에게 쏠렸습니다. 그의 놀라운 프레젠테이션 기술 때문이죠.

기대를 저버리지 않고 멋지게 쇼를 하는데 문제가 생겼습니다. 문제는 아이폰 4와 3GS의 해상도를 비교할 때 나왔습니다. 스티브 잡스는 와이파이를 이용해 〈뉴욕 타임스〉 사이트를 불러오려고 했지만 사이트가 제대로 열리지 않았습니다. 아이폰 4의 최대 특징인 해상도를 설명하는 순간에 문제가 발생했지만 스티브 잡스는 당황하지 않았습니다. "네트워크가 느리다"면서 웃어넘긴 뒤 다른 시연으로 넘어갔습니다. 다른 사람이 시연을 하는 동안 안 되는 이유를 확인한 그는 "570개의 와이파이가 사용되고 있기 때문에 시연을 할 수 없게 됐다"면서 "시연하기를 원하는지 블로깅하기를 원하는지" 청중들에게 물어봤습니다. 워낙 많은 사람들이 네트워크를 사용하고 있었기 때문에 문제가 발생한 거였죠.

예정에 없게 그는 무대의 조명을 밝힌 후 자신은 시간이 많다며 와이파이를 꺼달라고 요청했습니다. 이후 영상통화 시연을 하면서 스티브 잡스는 와이파이 문제를 지속적으로 재치 있게 언급하며 사람들의 폭소를 유도했습니다. 역시 스티브 잡스라는 찬사를 받게 만든 대목이었습니다.

이처럼 스티브 잡스의 프레젠테이션을 보면 무대를 장악하고 자신이 원하는 대로 스피치를 합니다. 돌발 상황이 있어도 나름의 기지로 극복합니다. 그것이 가능한 이유는 상황을 통제할 수 있는, 소위 상위인지 능력을 가지고 있기 때문입니다. 방송에서의 애드립, 임기응변으로 이해하시면 좋을 겁니다. 이런 훈련 없이 스피치의 몇 가지 원칙을 안다고 해서 프레젠테이션 능력이 향상되지 않는다는 것은 여러분이 더 잘 아실 겁니다.

여러분은 평소 거실에서 어떤 일을 하십니까? 뜬금없는 이야기라고 생각하실지 모르겠지만 여러분의 상위인지 능력은 거실에서 무엇을 하느냐와 직접적인 관련이 있습니다. 하버마스가 이야기한 것처럼 거실은 소통의 공간입니다. 역사적으로 거실의 탄생은 소통과 여론의 탄생이었습니다. 특히 미국 사회에서 거실은 어릴 때부터 스피치를 배울 수 있는 산 교육장입니다. 어린 시절부터 부모와 거실에서 소통하고, 학교에 진학하면 'show & tell'로 대표되는 발표 학습이 이어지며 자연스럽게 상황 통제 능력, 즉 스피치 능력이 길러집니다. 그리고 앞서 언급한 것처럼 오랜 시간 철저히 준비합니다. 그렇기 때문에 멋진 프레젠터가 탄생하는 거죠. 우리는 어떻습니까? 거실에서 텔레비전과 일방향적으로 소통하고 있지 않습니까? 결국 말하기, 프레젠테이션은 몸으로 체득하는 겁니다.

스피치는 스키와 닮아 있습니다. 생각해보십시오. 전문 코치의 지도를 받지 않고 혼자 스키를 타면 중급 코스까지는 탈 수 있습니다. 하지만 고급 코스는 직할강으로 큰일을 당하게 됩니다. 반대로 전문가의 코치를 받고도 연습을 하지 않으면 초급도 힘듭니다. 스피치 중 프레젠테이션은 고급 코스입니다. 다른 사람의 마음을 움직이고 행동을 유발하는 설득 스피치이기 때문입니다. 결국 제대로 알고(지식), 실천할 때(실행) 스피치 능력은 향상됩니다. 그럼 지식을 채워볼까요?

상위인지 능력은 프레젠테이션을 하면서 내가 잘하고 있는지 조절하고 통제하는 능력입니다. 프레젠테이션의 제반 상황을 점검하는 능력이죠. 만약 프레젠테이션을 하고 있는데 파워포인트가 구동되지 않는다면, 더 심각하게 정전이 된다면, 돌발 질문이 나왔는데 답이 생각나지 않는다면, 사람들이 지루해 졸고 있다면 여러분은 이 상황을 어떻게 극복하시겠습니까? 단순히 시나리오를 집중해 읽는 것은 인지 단계지만 청중의 반응, 슬

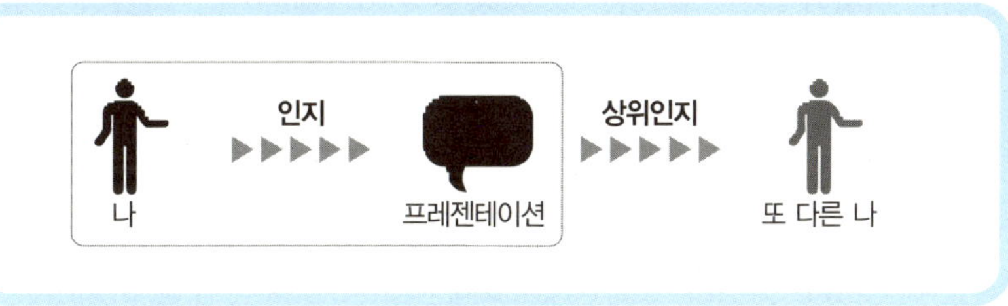

라이드의 움직임, 시간, 장소적 특징, 돌발 변수 등에 따라 프레젠테이션을 조절하는 것은 상위인지입니다.

프레젠터는 3가지 종류가 있다고 생각합니다. 우선 우리 사회에 주로 많은 원고읽기식 프레젠터(reading presenter)입니다. 완벽한 원고를 바탕으로 그 원고를 얼마나 틀리지 않고 읽는지가 관건입니다. 프레젠테이션의 중심은 슬라이드이고 프레젠터는 한쪽 구석에서 열심히 원고를 읽는 방식입니다. 이 방식으로는 효과적으로 청중을 설득하지 못합니다. 물론 콘텐츠가 너무나 뛰어나다면 예외가 되겠죠. 예를 들어 돈이 되는 정보, 연예인 비하인드 스토리 등은 관심을 얻게 되지만 설득, 경쟁 프레젠테이션이라면 이야기는 달라집니다.

두 번째는 연출식 프레젠터(acting presenter)입니다. 원고는 보지 않지만 머릿속에 시뮬레이션 돼 있는 대로 진행합니다. 움직이는 동작도 완벽하게 시나리오로 작성해놓은 것이지요. 드라마의 연기자처럼 여러 번 연습을 통해 어느 정도 원고를 암기하고 말하게 됩니다.

그러나 이 프레젠테이션의 문제는 돌발 상황이 생겼을 때입니다. 파워포인트 전원이 순간 나갔다든지, 사람들이 지루해하거나, 시간이 단축되었을 때 프레젠터는 당황하게 되고 제대로 프레젠테이션을 진행하지 못합니다. 준비한 원고만 숙지했을 뿐 돌발 상황에 대처할 능력이 없습니다. 돌발 상황이 발생하지 않으면 수많은 연습을 통해 어느 정도 발표를 해낼 수는 있습니다. 하지만 프레젠테이션은 우리가 원하는 대로 진행되지 않는다는 것을 여러분은 잘 알고 계시지요?

마지막으로 상황을 창조해나가는 창조적 프레젠터(creative presenter)가 있습니다. 원고를 준비하지만 암기하지는 않습니다. 스피치 개요서를 작성해서 간단히 메모하고 그것을 바탕으로 스토리텔링을 합니다. 내용을 이해했고 상위인지 능력이 있기 때문에 암기할 필요가 없습니다. 새로운 상황이 닥치면 그 상황을 새롭게 만들어가는 능력이 있습니다.

만약 여러분이 중요한 클라이언트(clients)를 앞에 두고 프레젠테이션을 하고 있는데 clicker(레이저 지시기)가 작동을 하지 않는다고 합시다. 그래서 교체를 했습니다. 그런데 그 clicker도 작동을 하지 않습니다. 발표 흐름상 그 기기는 반드시 필요합니다. 여러분 같으면 어떻게 하시겠습니까? 스티브 잡스는 자연스런 유머와 자신의 이야기로 시간을 조절했습니다. "작동하지 않으니 저도 긴장이 되네요. 저 뒤의 직원들은 초죽음이 되어 있겠죠? 걱정하지 마! 자르지 않을게. 그나저나 좋은 clicker 만드는 데 저희가 투자해볼까요?(웃음)" 이것이 창조적 프레젠터입니다. 바로 상위인지 능력을 가진 사람의 반응입니다.

상위인지 능력의 실체를 조금 더 살펴보도록 하죠. 상위인지 능력은 지식과 실행이라는 차원으로 구성돼 있습니다. 생각해보십시오. 상황 통제는 제반 상황을 알고 반복된 훈련을 한 사람만이 가능하겠죠. 전체 프레젠테이션의 내용과 핵심을 이해하고 있을 때만 애드립이 가능합니다. 원고만을 읽는다면 어디가 중요하고 또 어떤 부분은 생략해도 되는지 판단하기가 어렵습니다.

지식적인 차원은 문제 지식과 전략 지식으로 또 구분됩니다. 어려우시죠? 쉽게 설명하죠. 얼마나 핵심 키워드 요약을 잘하는지, 또 프레젠테이션 의지가 어느 정도 강한지로 보시면 될 겁니다. 내일 프레젠테이션 내용에 대해 몇 가지 키워드로 압축할 수 있는 사람과 그렇지 못한 사람과의 차이는 엄청납니다.

몇 해 전 시애틀에 갔을 때 시스코사의 존 체임버스 회장의 프레젠테이션을 본 적이 있었습니다. 50분 스피치를 하는데 놀라웠던 것은 한 편의 공연이었다는 점입니다. 군더더기 없이 깔끔했죠. 더 놀라운 것은 50분 강의의 원고 전체를 구어체로 다 적는다는 점입니다. A4로 50장이 넘는 분량입니다. 그런데 그 원고를 가지고 프레젠테이션을 하면 어떻게 될까요? 그렇게 하면 일명 방아찧기식 스피치(원고읽기식 스피치)가 되겠죠? 그는 A4 반 장 크기로 핵심 내용을 압축합니다. 생각해보십시오. '자신의 아이디어와 내용을 구상해서 원고를 다 쓰고 그 다음에 압축한다.' 머릿속에 일정한 틀이 생기겠죠. 바로 이것입니다. 전체 내용을 이해하고 그 중에서 핵심 키워드를 압축하고 풀어내는 능력이 지식 차원입니다. 따라서 눈을 감고 프레젠테이션 전체 지도가 그려지는지 안 그려지는지 냉철하게 판단해보면 결과를 예측할 수 있습니다.

또한 그런 준비 과정은 대단한 의지가 필요합니다. 우리가 발전하지 못

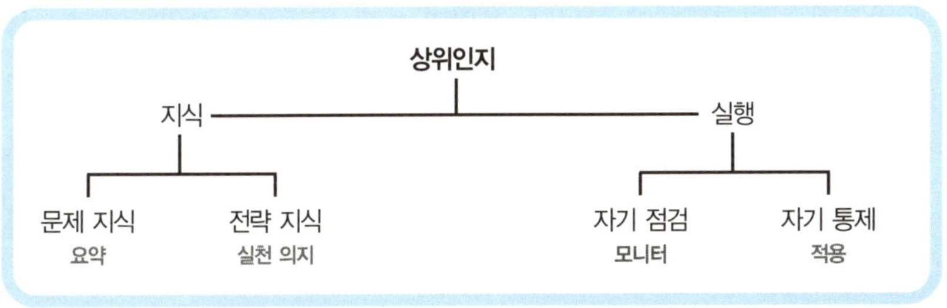

하는 것은 쉽게 포기하거나 할 수 없다는 마음이 우리 안에 있기 때문입니다. 말을 잘하는 것도 우리의 의지가 결정적입니다.

실행 차원은 자기 점검과 자기 통제로 구성되어 있습니다. 아나운서가 방송을 하면 할수록 소리가 좋아지고 예뻐지는 것은 왜 그럴까요? 수술의 힘? 아닙니다. 바로 모니터입니다. 저도 뉴스를 마치면 머리와 의상, 분장, 진행 등 여러 분야의 모니터를 받습니다. 그동안 프레젠테이션을 마치고 어떤 모니터를 받으셨나요? 모니터에서 가장 중요한 것은 척도, 기준점입니다. 좋다, 나쁘다 혹은 60점 같은 단순한 수치는 아무 도움도 되지 못합니다. 구체적인 문제를 느낄 때 발전이 있습니다. 저는 아나운서 준비생들에게 자기 뉴스를 듣게 합니다. 모니터를 해서 어떤 문제점이 있는지 구체적으로 파악하면 발전이 있지만, 잘한다고 스스로 만족하면 거기서 끝입니다. 3장에서 스피치 구성요인에 근거한 모니터 척도를 소개하겠습니다. 그것만 알아도 이 책을 구입한 본전은 뽑으신 겁니다.

다음으로, 어떤 문제가 있다고 느꼈다면 적용해야겠죠. 그것도 다양하게 반복적으로 시도해야 합니다. 본인이 느낀 문제점을 각인하여 고치고 다음 번 발표 때 적용해보는 겁니다. 또한 다른 사람의 스피치 중 배울 것이 있다면 그것 또한 해보는 거죠. 머릿속으로 시뮬레이션을 하는 것도 중요하지만, 그것을 실천하는 것 역시 중요합니다. 수레의 양 바퀴처럼 하나라도 빠진다면 제자리에서 맴돌게 됩니다.

제가 강의를 했던 서울대 학생의 예를 들어보죠. 처음 자기 소개를 시켰을 때 얼마나 떨던지 산소 호흡기가 필요할 정도였습니다. 15주 강의 중 9주간 이론 수업을 통해 스피치의 지식적인 부분을 충족시켜줬습니다. 그리고 그는 발전했습니다. 왜 그럴까요? 직접 실천했던 겁니다. 데모스테네스가 한 것처럼 말이죠. 최종 설득 스피치를 할 때는 스티브 잡스의 안경을 쓰고 발표하더군요.

또 필요한 것은 프레젠테이션 시 잘된 점과 미흡한 점을 분석하는 작업입니다. 그 당시에 선택한 용어와 제스처가 타당한지 고민하고 정리해두는 겁니다. 돌발 상황에서도 아나운서들이 당황하지 않는 것은 방송 후에 평가회, 합평회가 있기 때문입니다. 그때의 상황을 분석하고 최선의 방법은 무엇이었는지 고민합니다. 이런 고민들이 쌓여서 노하우가 되고 그 노하우는 돌발 상황에서 빛을 발하게 됩니다.

그리고 적용할 때도 단계가 필요합니다. 왜냐고요? 스피치는 체득하는 것이고 그러기 위해서는 인지적이고 체계적인 훈련이 필요하기 때문입니다. 리허설 하는 방법도 단계별로 소개하겠습니다.

정리해보죠! 창조적 프레젠터가 되기 위해서는 상위인지가 필요하다!

상위인지는 말하는 나를 통제하여 상황을 지배하는 능력이다!

상위인지는 핵심 요약, 실천 의지, 모니터, 적용으로 구성되며 제대로 알고 실천해야 한다!

됐습니다. 이것을 이해하셨다면 효과적 훈련도 가능합니다.

2. 프레젠테이션을 **위한 사전 준비**

사전 준비는 기본적으로 갖추어야 할 능력입니다. 제 책의 특징은 차근차근 단계를 밟아나간다는 것이죠. 지금까지 책을 정독하셨다면 상위인지의 지식적인 부분들이 충족되고 있다고 보면 됩니다. 지금까지는 프레젠테이션의 잘못된 개념을 바꾸는 작업이었다고 이해하시면 되겠네요.

우선 준비할 것은 발표 불안증을 이해하고 극복하는 겁니다. 상위인지 능력을 키우면 불안증이 감소되겠지만, 그 전에 발표 불안증의 실체를 제대로 알아야겠죠. 다음으로는 스토리텔링에 대해 살펴보겠습니다. 스토리텔링은 무엇이며, 어떻게 향상시킬 수 있는지 살펴보도록 하겠습니다. 그리고 아이디어 개발 방법을 설명하겠습니다. 동일한 사안을 다르게 보고 풍부하게 보는 것도 훈련입니다. 다음으로 청중 분석과 상호작용 방법입니다. 공감대를 형성해 설득하기 위해서는 무엇보다도 청중 분석이 선행되어야 합니다. 청중을 어떻게 분석할 것인지 살펴보겠습니다. 마지막으로 프레젠테이션을 준비할 때의 로드맵을 알려드리겠습니다. 단계적이고 체계적으로 어떻게 준비하는 것이 효과적인지 살펴 방향을 잡을 수 있도록 도움을 드리겠습니다.

발표 불안증

발표 불안증을 저는 '그분이 오셨다' 라고 표현합니다. 손이 떨리다 나중에는 온몸이 경련하죠. 마치 신내림을 받는 것처럼요. 그분을 영접하면 2가지 은사(?)를 받습니다. 우선 방언의 은사죠. 발음이 떨리고 전달력이 확연히 떨어집니다. 두 번째 은사는 예언의 은사입니다. 생각해보세요. 중요한 날 발표를 시작하는데 당황이 됩니다. 그때 머릿속에 떠오르는 생각, '아 이러면 나 얼굴 빨개지는데.' 그러면 정말 얼굴이 빨개집니다. 얼굴이 빨개진 다음 생각하죠. '아 땀나면 어떡하지.' 그러면 땀이 비 오듯 합니다. 그리고 최고의 절정은 '나 이러면 아무것도 생각이 나지 않을 텐데.' 그러면 '골 빈 상태' 가 됩니다. 머릿속이 하얘지고 더 이상 발표는 중요하지 않고 초월하게 되죠.

제가 재미있게 이야기했지만 이런 경험은 정말 다시는 떠올리고 싶지 않으실 겁니다. 그동안 사설 스피치 학원에서는 발표 불안증을 극복하기 위해 담력 훈련을 시켰습니다. 준비된 원고를 가지고 사람 많은 곳에서 발표를 시켰죠. 어떠세요? 많은 도움이 되셨습니까? 도움이 되지 않았기 때문에 이 책을 보고 계신 거겠죠.

떨리는 것은 너무나 당연한 일입니다. 누구나 떨립니다. 중요한 것은 그것을 어떻게 조절하는가입니다. 프레젠테이션을 하면서 떨리지 않는다고 하는 것은 새빨간 거짓말입니다. 저도 뉴스를 하면서 떨립니다. 하지만 신입사원은 그것이 티가 나지만 프로는 그것을 조절할 수 있습니다. 회사에서 당당하게 발표를 잘하던 부장님도 사석에서 건배 제의를 하라고 하면 긴장하기 마련입니다.

우선 떨리는 것이 너무나 당연하다는 것을 인정하시기 바랍니다. 발표 불안증은 더 열심히 스피치 훈련을 하라는 일종의 신호이지 고치지 못하는 불치병이 아닙니다. 다음의 표를 통해 내가 어떤 상황에서 떨리는지 확인해보시기 바랍니다. 내가 어느 상황에서 긴장을 하는지 정확히 알아야

성공한 스피치 상황	실패한 스피치 상황
언제 어디서 얼마나(시간) 어떤 내용을(콘텐츠) 누구에게(청중 종류) 몇 명에게(청중 수) 어떤 목적으로(스피치 종류) : 토론, 회의, 강의, PT(경쟁, 설명 등)	언제 어디서 얼마나 어떤 내용을 누구에게 몇 명에게 어떤 목적으로
성공 이유 :	실패 이유 :

고칠 수 있습니다.

마크 리어리(Mark Leary)는 우리기 떨리는 이유를 2가지로 설명했습니다. 저도 전적으로 동의합니다. 우선 스피치 결과의 중요성입니다. 나의 프레젠테이션이 어떤 결과를 가져오는지에 따라 떨립니다. 인지적인 문제라는 것이죠. 청중 수, 참석자, 프로젝트 액수 등에 따라 떨려옵니다.

다음은 성공 스피치의 예상입니다. 자기 자신이 그 누구보다도 자신의 스피치 능력을 잘 압니다. 그동안 스피치와 프레젠테이션을 위해 얼마나 많은 지식을 쌓고 훈련을 했는지 인지적으로 알고 있고 그 불안감이 몸에 직접적으로 영향을 미치는 겁니다. 즉 내가 떨린다는 것은 스피치에 대한 지식이 없다는 몸의 신호입니다. 그러니 지식의 보충 없이 무조건적으로 발표 연습을 한다고 해서 발표 불안증이 극복될 리 없습니다. 프로이트의 제자인 융 역시 사람의 인지적 상태가 직접적으로 신체에 영향을 준다는 연구 결과를 내놨습니다. 즉 스피치, 프레젠테이션에 대해 제대로 알지 못하고 훈련을 하지 않은 것을 내가 알고 그것이 발표 불안증을 유발하는 겁니다.

한 가지 더 추가하자면 부정적 경험의 축적 때문에 발표 불안증이 생깁니다. 1967년 오버미에르(Overmier)의 쥐 실험은 부정적 경험이 얼마나 무서운 것인지 알려줍니다. 박스를 두 공간으로 구분한 뒤 문을 설치합니다. 그리고 그 문을 잠근 뒤 쥐가 있는 왼쪽 공간에 전기 충격을 가합니다. 쥐는 오른쪽으로 탈출하기 위해 몸부림을 치지만 허사입니다. 시간이 지난 뒤 문을 열어놓고 다시 왼쪽에 전기 충격을 줍니다. 이때 쥐는 움직이지 않고 포기하고 맙니다.

즉 프레젠테이션에 대한 체계적 훈련 없이 어느 날 갑자기 하게 되었고 그것의 평가가 절망적이었다면 다시는 프레젠테이션을 하고 싶지 않을 겁니다. 이런 경우에는 체계적 둔감화 방법이 효과적입니다. 즉 편한 곳에서 불편한 곳으로 옮겨가며 연습을 하는 겁니다. 집에서 연습하고, 본인의 사무실, 더 나아가 실제 발표장에서 훈련하는 겁니다. 그렇게 작은 성취감이 쌓이면 더 큰 무대에서 자신 있게 프레젠테이션을 할 수 있습니다.

결국 프레젠테이션에 대한 정확한 이해와 지식, 그리고 상위인지를 파악할 필요가 있습니다. 그럼 어떻게 극복할까요?

가장 근본적인 것은 훈련을 통한 자신감입니다. 성공 스피치의 예상을 높이는 것이죠. 자신감은 격려를 통한 일시적인 자신감과 훈련을 통한 근본적 자신감이 있습니다. 격려란 전문가가 칭찬함으로써 정서적 안정을 주는 것을 말합니다. 일시적인 도움은 됩니다. 이 방법은 제가 프레젠테이션을 컨설팅 할 때 발표 전날에 주로 사용하는 방법입니다. 2, 3일 전에는 강한 지적을 하지만 발표 전날에는 무조건 칭찬만 합니다. 그렇지 않고 지적을 하면 더욱 위축이 돼서 실제 발표를 망치게 됩니다. 따라서 발표 전날에는 주변 분들이 격려하는 것을 잊지 말아야 합니다. 그러나 이 방법은 근본적인 해결책은 되지 못합니다. 결국 훈련을 통한 상위인지 능력 배양만이 문제 해결입니다. 이 책을 따라 하시면 근본적 자신감이 생기리라 확신합니다.

다음은 일시적 도움이 되는 몇 가지 팁을 알려드리죠.

첫째, 시뮬레이션 훈련입니다. 방송을 잘한다는 것은 그만큼 경험이 많다는 것입니다. 즉 여러 상황을 직접 경험해보았다는 증거이죠. 강조한 것처럼 프레젠테이션은 예정대로 진행되지 않습니다. 따라서 발생할 수 있는 다양한 상황을 상정하고 머릿속에 시뮬레이션 하는 것이 필요합니다. 특히 발표 전날, 자기 직전에 발표의 처음부터 끝까지 연출해보는 것이 좋습니다.

둘째, 자기 합리화입니다. 자기의 장점을 극대화하고 불리한 상황을 최소한 적게 생각하는 방법입니다. "만약 발표에서 실수를 하더라도 다른 부분이 잘 되어 있기 때문에 큰 문제는 없을 거야, 목소리가 좋기 때문에 조금의 실수가 있어도 괜찮을 거야, 지난번에 김 부장님도 발표를 망쳤는데 1주일 지나니 사람들이 잘 기억도 못하던데……." 즉 자기 합리화는 발표의 중요성을 낮게 인식하고 자신의 장점을 극대화하는 자기 암시라고 할 수 있습니다.

셋째, 상황 익히기입니다. 아나운서 시험을 준비하는 친구가 방송국에 자주 안 오다가 시험 당일날 오면 어떨까요? 연예인이 지나다니고 처음 보는 각종 장비들…… 당연히 긴장하게 됩니다. 사람은 익숙한 장소에서 편안하게 제 실력을 발휘합니다. 저는 컨설팅을 할 때 프레젠테이션 1주일 전 발표 장소와 유사한 호텔을 빌립니다. 가급적 동일한 홀을 잡고 연습합니다. 비용은 들지만 그만큼의 효과가 있습니다. 작은 차이지만 이것이 나중에 큰 결과를 가져오기도 합니다. 그리고 특강을 다닐 때 제일 먼저 하는 것이 강의실 확인입니다. 파워포인트 구동 여부, 무선 마이크 확인, 강의실 분위기 등을 체크하죠.

넷째, 근육이완입니다. 아나운서 시험 대기실은 긴장의 연속입니다. 주변을 둘러보면 다 나보다 멋진 사람들이 앉아 있죠. 그러다 보면 더욱 긴장이 됩니다. 몸을 풀어주지 못하고 긴장된 상태에서 소리를 내다 보면 목소리가 갈라지게 됩니다. 그러면 되돌릴 수 없죠. 성악가들이 공연 전 하는 것이 가벼운 운동입니다. 운동을 하면 몸이 풀리고 긴장이 이완됩니다. 우리 몸은 근육으로 되어 있고 긴장을 하게 되면 근육이 수축됩니다. 그렇게 되면 더욱 긴장이 되어 좋은 소리가 나올 수 없겠죠?

목 뒷부분의 머리카락 경계 부위를 지압하듯이 눌러보세요. 그리고 어깨 중간 부분 뭉쳐진 곳을 누르며 어깨를 돌려보세요. 시원해지면서 근육이완이 어느 정도 될 겁니다. 그리고 목에 볼록하게 나온 성대 부위를 손으로 마사지해주는 것도 효과가 있습니다. 또한 양팔을 옆으로 뻗고 고개를 돌려 양쪽 손가락 끝을 교대로 보며 긴장된 목 주변 근육을 이완시키는 것도 좋습니다. 프레젠테이션 발표 직전 화장실에 가서 몸을 아래와 같은 방법으로 이완시켜보십시오. 조금은 안정이 되고 편안한 소리가 나올 겁니다. 소리 관리하는 방법은 다음 장에서 소개드리겠습니다.

TIP
근육이완운동

1. 입과 코로 동시에 깊게 들이마시고 천천히 내뱉는다.

2. 눈을 감은 상태에서 목을 좌우로 3회씩 천천히 돌려준다.

3. 어깨 중간 부분의 뭉친 곳을 누르며 어깨를 돌린다.

4. 목 뒷부분의 지압점을 눌러준다.

5. 가볍게 뛰어본다.

6. 거울을 보며 자기 암시를 한다.

스토리텔링

story-telling

= 구어체 + 이야기 구조

= 구어체(자연스러운 억양과 리듬 + 표현 능력, 유창성) + 이야기 구조(사례 + 구조)

　　호모 나랜스(homo narrans), 이야기하는 인간이 요즘 화두입니다. 사람은 이야기에 몰입합니다. 아디다스 신발을 신으며 베컴을 떠올리고, 자이 아파트를 지날 때면 이영애를 만날 수 있을 것 같습니다. 드라마 역시 마찬가지입니다. 우리가 드라마에 몰입하는 것은 거울 효과가 있기 때문입니다. 드라마를 보면 자신의 삶을 돌아볼 수 있습니다. 즉 사람 이야기가 있다는 것이죠. 이처럼 이야기를 어떻게 프레젠테이션에 가지고 오는지가 중요합니다. 최고의 이야기꾼은 할머니라고 생각합니다. 할머니가 어린 손자에게 이야기하는 모습은 맞춤형입니다. 심지어는 결론도 달라지고 발음도 어색하지만 손자는 신이 납니다. 할머니는 손자의 반응에 따라 이야기의 완급 조절을 하는 겁니다.

스토리텔링의 한 축은 바로 구어체입니다. 핵심은 눈을 마주치고 부드럽게 이야기할 수 있는지입니다. 프레젠테이션을 할 때 프레젠터가 원고를 보는 순간 청중은 딴짓을 할 확률이 높아집니다. 눈을 마주치며 청중과 교감할 수 있어야 진정한 창조적 프레젠터라고 할 수 있습니다. 전달에 있어 중요한 것은 자연스러움입니다. 어색한 느낌이 드는 순간 사람들은 다른 것에 집중하죠. 프레젠테이션을 할 때 원고를 그대로 읽는다면 프레젠터의 생생한 감정과 열정이 전해지지 않습니다. 하지만 프레젠터가 무대 전면에 나와 청중과 눈을 맞추며 역동적인 제스처를 한다면 언어에 비언어를 입혀 의도한 대로 의미를 전달할 수 있을 뿐 아니라 시너지 효과를 내게 됩니다. 커뮤니케이션을 잘하는 사람은 언어만큼 비언어를 잘 이해하며 사용합니다. 인류 최초의 스피치 학원장 소피스트가 강조한 스피치의 제1원칙이 스토리텔링이었습니다.

위에서 본 것처럼 스토리텔링의 의미는 다양합니다. 우선 구어체 중 자연스러운 억양과 리듬은 발성, 발음과 연관되어 있으므로 구조적 문제점만 잠시 언급하고 나머지는 3장에서 살펴보겠습니다.

프레젠테이션 컨설팅을 해보면 구조적 문제점을 갖고 있다는 것을 느낍니다. 기획은 담당 전문가가 하고, 슬라이드 구성은 디자이너가, 시나리오 작성은 구성 작가를 기용합니다. 그래서 시나리오를 보면 문어체입니다. 자연스러운 억양 훈련을 받지도 못한 프레젠터가 문어체 원고를 구어체로 바꿔 읽기란 거의 불가능합니다. 시나리오를 보면 한 문장이 너무 길고, 수식어가 많으며 문어적 표현이 많습니다. 우리가 일상생활에서 다음과 같은 문장을 사용하는지 생각해보십시오.

"현재 대지는 논밭이며……, 이제는 그 경계가 사라지고 있으며……, 배치도입니다, 그리하여…… 분야간 연계성을 고려, 세미나, 미팅 룸 등의 공용 공간은 각 연구동에서 쉽게 접근할 수 있는 연결 통로 주변에 배치하였으며 이를 통해 연구원 사이의 상호 소통이 극대화됩니다."

너무 길고 문어적 표현이 많습니다. 구어는 짧고 생략적입니다.

말투가 사무적이고 음성도 저음인 어떤 프레젠터가 있었습니다. 그 사람의 시나리오에 "어떤 모습일까요?"라는 문장이 있었습니다. 실제 들어보니 어색한 억양이었습니다. "어떤 모습이겠습니까?"라고 말투에 맞는 문장을 만드는 것이 필요합니다.

제가 클래식 프로그램을 진행할 때 일입니다. 제 말투 역시 그리 부드럽지 못합니다. 그 작가는 저의 말투를 이해했고 입에 감기는 멋진 원고를 만들어줬죠. 지금의 구조는 서로 엇박자가 나고 있습니다. 시나리오를 받으면 프레젠터에게 맞는 말투로 바꾸는 것이 절대적으로 필요합니다.

다음은 표현 능력, 유창성입니다. 아나운서 훈련 중 3분 스피치가 있습니다. 발표 한 시간 전 주제가 주어지고 대선배들 앞에서 3분 동안 이야기하는 훈련입니다. 이 훈련을 하는 이유는 어떠한 상황에서도 막힘없이 이야기하는 표현 능력, 유창성을 기르기 위해서입니다. 이 유창성은 어떻게 향상이 될까요? 해봐야 합니다. 자주 해야 합니다. 유창성은 사실 어린 시절에 결정이 됩니다. 초등학교 4~6학년을 관찰 실험한 결과, 가정에서 대화가 많은 아이, 종교 활동을 하는 아이들이 유창성이 상대적으로 뛰어났습니다. 즉 생활 속에서 얼마나 다양하게 사람들을 만나고 다양한 표현을 하는지가 중요합니다. 유창성, 즉 말의 엔진을 키우기 위해서는 생활 속 훈련밖에 없습니다.

우선, 이렇게 시작을 해보시죠. 뉴스를 볼 때 밑에 나오는 자막, 헤드라인을 적어보십시오. 5개 아이템, 그러니까 8분 정도가 걸릴 겁니다. 집중해서 들으신 후 적어둔 자막만 보고 옆 사람에게 완성된 문장으로 뉴스를 말해보는 겁니다. 상당히 어려운 일이지만, 대학에서 활용해본 결과 표현 능력이 좋아졌습니다. 특히, 뉴스는 여러 사회 현상을 1분 30초 안에 압축한 것이기 때문에 더욱 좋습니다. 들을 때는 키워드 중심으로 들으십시오. 곁가지 정보가 아니라 헤드라인 밑의 키워드에 주목하며 들으면 표현 능력뿐 아니라 듣기 능력도 좋아집니다. 이것이 바로 분석적 듣기입니다.

보다 빠른 성과를 원하신다면 카메라 일기 쓰기를 권합니다. 영화 〈아바타〉를 보면 주인공이 아바타 세계를 다녀온 후 하는 일이 영상 일기를 쓰는 겁니다. 여러분도 하루 일과를 마치고 영상 일기를 써보기 바랍니다. 단 완성된 문장이어야 합니다. 방송처럼 완성되고 명확한 말투로 연습하시기 바랍니다. 그런 훈련을 통해 '음, 그, 저' 등 군더더기 말도 없앨 수 있습니다.

생활 속에서 유창성을 기르기 위해서는 여러 상황 속에서 말하기를 즐겨 해야 합니다. 내가 겪은 이야기, 회사에서 있었던 일, 개그 프로그램의 내용을 다른 친구에게 알려주기, 읽은 책과 본 영화 소개하기 등 다양한 소재로 말을 해보시기 바랍니다. 완성된 문장으로 종결해야 하고, 가급적 보이스펜을 활용해 녹음해보는 것이 좋습니다. 다음과 같은 것을 연습해보시죠.

- 회의를 마치고 회의 과정과 결과에 대해 리포트
- 문자 메시지 보내는 방법을 어르신에게 설명하기
- 회사에서 집으로 오는 길 설명하기
- 하루에 있었던 일을 가족에게 5분 동안 이야기해보기

이번엔 사례입니다. 오바마, 처칠, 마틴 루터 킹, 케네디, 예수 등 그들의 명연설은 모두 사례가 풍부합니다. 사람들은 사람의 이야기에 집중합니다. 시간이 없더라도 적절한 사례와 비유를 넣는 것이 효과적입니다. 사례와 이야기는 딱딱하기만 한 사실들을 더욱 쉽게 사람들에게 각인시킵니

다. 이야기와 사례를 통할 때 사람들은 메시지를 더욱 쉽게 이해할 수 있습니다. 다시 한 번 생각하게 만드는 겁니다.

딱딱하기 쉬운 아파트 건설 관련 PT에서 서론에 다음과 같은 문장을 넣으니 훨씬 부드러워 보이죠? 이런 요소들을 많이 발굴해서 넣는 것이 중요합니다.

"안녕하십니까? 00 컨소시엄에서 설계를 총괄한 김은성입니다.
저희 계획안을 설명드리겠습니다.
요즘 많이 더우시죠?
더운 여름철 도시의 빌딩숲 속에서 우리 모두는 한 번쯤
이런 삶을 상상했습니다.
아침에 창문을 열면 시원한 한강의 모습과
뒤로는 사계절 변화하는 산의 모습이 보이는 곳,
낮에는 앞마당에서 마음껏 뛰어 놀고
잠자리를 잡는 아이들의 모습을 바라볼 수 있는 곳,
저녁에는 산책로를 따라 조깅을 하며
흘린 땀을 수영장에서 식힐 수 있는 곳,
이런, 상상하는 모든 것이 현실이 되는 곳으로
여러분을 안내하겠습니다."

그럼 사례와 이야기는 어떻게 모을 수 있을까요? 사례를 모으는 가장 좋은 방법은 다양한 경험을 하는 것이겠죠. 하지만 시공간의 제약이 있기 때문에 모든 것을 경험하기는 힘듭니다. 그래서 호기심과 관찰력이 필요합니다. 주변 사람, 가족, 방송, 책, 기사 등은 너무나 좋은 자료들입니다. 항상 귀와 눈을 열고 주변을 관찰하면 PT 주제와 관련 있는 좋은 사례들을 얻을 수 있을 겁니다. 다음에 제시하는 그림은 사례를 찾는 좋은 로드맵이 될 것입니다.

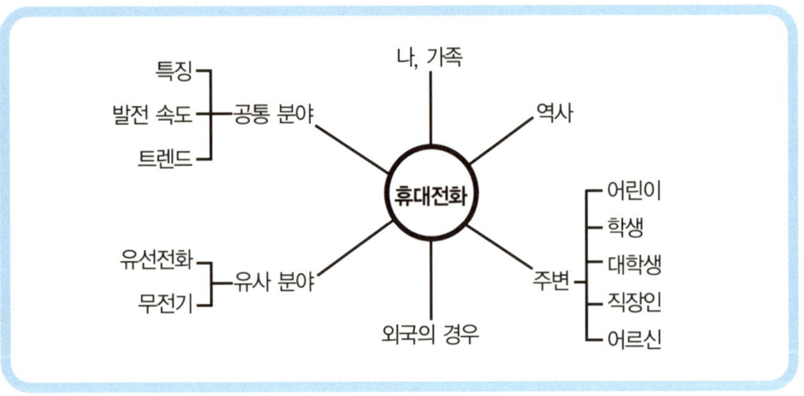

링컨의 272단어, 2분 안팎의 게티즈버그 연설이 명연설로 기억되는 것은 그 짧은 연설에도 3단 구조가 명확했기 때문입니다. 좋은 프레젠테이션을 위해서는 짜임새 있는 구조가 필수적입니다. 구조에 대한 이야기는 3장에서 자세히 하도록 하고, 우선 프레젠테이션의 언어는 어떠해야 하는지 알아보겠습니다. speaking clearly, vividly, emphatically, appropriately를 강조하고 싶습니다.

먼저 명확하게 말하기(speaking clearly)입니다. 명확하고 구체적인 단어를 사용해야 합니다. 의미상 혼동되거나 명확하지 않은 단어는 혼란을 가중시킵니다. 또한 쉽고 간단한 언어를 사용해야 되겠죠. GE의 전 회장인 잭 웰치는 쉽고 간결한 언어를 사용하는 것으로 유명합니다. 불필요한 군더더기 말은 과감히 생략하고 간결하게 말해야 합니다. 왜냐하면 청중들의 지식 정도가 어느 정도인지 정확히 모르기 때문입니다. '지식의 저주'라는 말처럼 우리 입장에서 생각해 너무나 전문적이며 모호한 단어를 사용하게 되는데 청중 중심의 언어는 그렇지 않습니다. 쉽고 간결하고 구체적입니다.

다음은 생생하게 말하기(vividly)입니다. 표현 능력에 해당하는 부분이죠. '~처럼, ~같은' 표현이나 은유를 쓰면 사람은 보다 쉽게 이해를 합니다. 또한 이런 비유는 프레젠터를 전문적인 사람으로 느끼게 만들죠. 비유가 가능하다는 것은 제반 내용을 이해하고 있다는 증거이기 때문입니다.

다음은 강조하여 말하기(emphatically)입니다. 강조하는 방법도 여러 가지입니다. 단순히 비율적으로 많이 이야기해서 강조하는 방법이 있고 반복하는 경우도 있겠죠. 반복도 단순히 반복하는 것보다는 재언급을 하는 것이 효과적입니다. "인구는 98만 명입니다. 거의 100만 명이라고 보면 될 겁니다. 100만 명 대단하죠?" 이런 식으로 언급하는 겁니다. 끝으로 전이를 통한 강조가 있습니다. '하지만, 그렇지만, 그럼에도 불구하고, 결국, 마침내'와 같은 의미전이 접속사를 사용함으로써 사람들의 관심을 불러일으킬 수 있습니다.

마지막으로 적절하게 말하기(appropriately)입니다. 청중을 호칭할 때 어떻게 호칭하는 것이 좋은지도 고민해야 합니다. 병원에서 프레젠테이션을 할 때 생각 없이 "의사분들께서는"이라는 표현을 자주 반복한다면 그 자리에 참석한 다른 직종의 사람들은 소외감을 느낄 겁니다. 또한 청중들과 연관성을 고려한 말하기도 중요하겠죠. 남성들만 모여 있을 때와 여성들만 모여 있을 때, 이야기 전개 방식은 달라집니다. 차별적 언행은 당연히 피해야겠죠.

또한 적절하다는 것은 청중 중심의 말하기 방식입니다. 자기 주도적으로 말하는 것이 아니라 청중과 같이 호흡하고 있다는 것을 보여주는 것이죠. 예를 들어 "~를 하겠습니다"보다는 "함께 알아볼까요"를, "제가 앞서 언급한 것처럼"보다는 "여러분과 같이 살펴봤듯이"를, "~라고 생각됩니다"보다는 "여러분도 느끼시지요?"가 더 적절합니다. 그런 맥락에서 청중의 이름, 상호, 지역을 구체적으로 언급하는 것도 좋습니다.

또한 스토리텔링을 잘하기 위해서는 슬라이드와 슬라이드 사이의 브릿지 멘트를 잘해야 합니다. 어떤 사람을 보면 슬라이드 넘어갈 때마다 "네, 다음 보시겠습니다"라는 말을 반복하는 경우가 있는데 자연스러운 흐름을 깨는 잘못된 것입니다.

TIP
브릿지 멘트 요령

1. 흐름 구조를 언급하는 방법

"네, 지금까지 사업의 특징을 살펴봤고요. 이번에는 안고 있는 문제점을 짚어보겠습니다."

2. 요약 후 전개하는 방법

"마케팅과 기획이 같이 이루어져야 된다는 것이 이번 사업의 특징입니다. 하지만 문제점도 만만치 않습니다. 가장 큰 문제점은……."

3. 수사학적 질문을 던지는 방법

"자 그럼 우리가 가지고 있는 가장 큰 문제는 어떤 것일까요? 느낌이 오십니까?"

4. 반복하는 방법

처칠은 2차 세계대전에서 한 명연설에서 "WE SHALL"을 12번이나 반복했습니다. 마틴 루터 킹, 오바마도 마찬가지고요. 이것은 일정한 운율로 효과적인 브릿지 멘트가 됩니다.

5. 대구의 방법

앞에서 언급한 사례를 클로징에 다시 언급하여 이야기를 마무리하는 방법. "실버스타사의 사례 기억나시죠? 보십시오. 실버스타사의 판단은 옳았습니다. 실버스타사는 문제에 정면 도전했기 때문입니다. 여러분은 어떻게 하시겠습니까?"

6. 목표점을 언급하는 방법

"우리가 목표를 이루기 위해 해결해야 할 문제입니다. ……우리가 목표를 이루기 위해 실천해야 할 과제입니다."

스티브 잡스의 어법은 단순하고 명쾌합니다. 그리고 꼬리에 꼬리를 무는 방법을 즐겨 사용합니다. 수사학적 질문 방식이죠. 미국의 최고 인기 프로그램이 무엇인지 물어보고 답을 얻은 후 그 방송 프로그램의 제작사를 다시 물어봅니다. 그러고 나서 그 제작사의 CEO를 잘 알고 있다고 말하며 이 프로그램을 애플의 뮤직 스토어에서 구입할 수 있다고 말합니다. 이처럼 단순하고 꼬리에 꼬리를 무는 방법으로 사람들의 생각을 지배합니다. 이야기를 풀어갈 때도 정교한 계산 속에서 목동이 양을 몰듯이 사람들의 생각을 이끌어야 합니다. 그러기 위해서는 이슈가 명확한 상태에서 이야기의 흐름, 스토리텔링이 잘 이루어져야 합니다.

스토리텔링의 핵심 가치는 자연스러움입니다. 그러기 위해서는 자연스러운 억양과 유창성, 구조가 필요합니다. 또한 사람의 이야기는 우리에게 자연스럽게 다가오죠. 그동안은 슬라이드 구성과 전달을 따로 분리하여 조화로운 프레젠테이션이 이루어지지 못했습니다. 그렇기 때문에 스토리텔링이 잘 이루어지지 못한 겁니다.

아이디어 개발

건설업체 컨설팅을 하면서 느낀 점은 각 업체마다 슬라이드 구성이 거의 유사하다는 점입니다. 턴키 방식인 경우 설계에서부터 조경까지 모든 분야를 다루는데 자사의 유리한 점을 극대화하기보다는 천편일률적으로 구성이 이루어집니다. 각 업체마다 순서가 거의 유사합니다. 그것은 상대방을 너무 의식한 탓이겠죠. 방송 프로그램을 보더라도 MBC의 〈무한도전〉이 잘되니, 〈1박 2일〉, 〈패밀리가 떴다〉 등이 나옵니다. 아이디어는 상대방보다 잘하겠다는 강박관념 속에서 나오는 것이 아닙니다.

새로운 시각을 얻기 위해서는 지금의 방식을 과감히 버릴 필요가 있습니다. 보다 다른 차원에서 모험을 해야 합니다. 두바이의 '버즈 알 아랍'이라는 호텔은 7성급이죠. 재미있는 것은 국제적으로 공인된 것은 5성급이라는 점입니다. 호텔의 특징이 근접성임에도 불구하고 다리를 만들어 사람들의 출입을 통제합니다. 사람들을 통제하다 보니 그곳에 들어가려고 더욱 관심을 가지게 됩니다. 중동 지역의 다른 호텔보다 조금 더 잘하고자 했다면 이런 아이디어가 나왔을까요? '조금 더 잘하고자 하는 것'을 버릴 때 아이디어가 나옵니다.

또한 아이디어는 가치 부여에 따라 창출됩니다. 나를 어떻게 규정하는지에 따라 나의 사고방식 역시 달라지기 때문입니다. 만약 제가 단순히 뉴스를 전하는 아나운서라고 생각했다면 저는 스피치 커뮤니케이션 박사가 될 수 없었을 겁니다. 그 이상의 가치 부여를 나에게 하니 동기가 생기고 행동이 촉발된 것이죠.

프레젠테이션을 준비하면서 단순히 팀원으로서 일정 부분에만 참여하겠다고 생각한다면 그만큼의 일과 아이디어만이 나옵니다. 몰입하거나 열정을 쏟지 않겠죠. 하지만 이 일의 가치를 높게 책정하면 상황이 달라질 겁니다. 그러기 위해서는 여러분 스스로를 인정해야 합니다. 나를 인정하고 높게 평가할 때 자존감이 커지며 이 자존감은 긍정적 정서를 만들게 됩니다.

긍정적 정서는 인지 능력을 높인다는 실험 결과(아이센 캔디 스터디 : 초등학생들과 의사들을 대상으로 한 실험으로 캔디 한 봉지의 기쁨이 인지 능력, 대인 관계 등을 향상시켰다는 실험 연구)는 많습니다. 기분 좋은 상황에서 좋은 아이디어가 나옵니다. 저도 책을 쓰거나 강의 준비를 할 때 나를 믿고 기분 좋은 상황을 만들면 좋은 아이디어가 나오는 것을 느낍니다.

어느 정도 모방하는 것도 필요합니다. 여기서의 모방은 단순히 따라 하는 것이 아니라 새로운 것을 창조하기 위한 자료 조사 차원입니다. "해 아래 새로운 것이 없다"는 말처럼 사실 아이디어는 모방을 통해 이루어지는 것입니다. 다른 것과 조금 다른, 반 발짝만 앞으로 나가도 된다는 마음으로 접근하면 좋은 아이디어를 얻을 수 있습니다. 책과 방송 등은 좋은 모방의 재료들입니다. 다른 프레젠테이션을 보다가 참고할 것이 있으면 메모해두고 그것을 발전시키는 노력이 필요합니다.

뇌과학에서 시냅스(synapse)는 창의력의 핵심입니다. 뉴런(neuron)이라는 정보 전달 세포를 연결해서 창의력을 발현시키는 것이죠. 새로운 정보가 들어오면 시냅스가 강화되는데, 조건이 있습니다. 단순한 정보 자체가 들어오면 안 되고 기존 지식에 적용 가능하고 의미를 부여하는 지식일 때 시냅스가 강화됩니다. 즉 좋은 아이디어를 얻기 위해서 새로운 정보를 어떻게 활용할 수 있을까 고민하는 겁니다. 기존의 지식을 잘 모아두고 새로운 것이 들어올 때마다 활용 가능성을 타진해보는 겁니다.

잘 모방했다면 틀을 깨는 작업이 필요합니다. 최고의 크리에이터(creator)는 2~3살의 아이들이라고 생각합니다. 아이들이 어지르는 방법을 보면 참 기발합니다. 화장품을 꺼내서 먹고 바닥에 뿌립니다. 그리고 거기서 미끄러지죠. 우유와 고추장을 섞은 후 얼굴에 바릅니다. 변기 안에다 물건을 집어넣고 흔들기 시작합니다. 우리는 사고할 때 너무 틀에 박혀 있지 않나 생각해봐야 합니다. 뒤집어 생각하고 다르게 생각하는 시도가 필요합니다. 아이라면, 여자라면, 남자라면, 혼자라면 등등 가정법을 통해 다양하게 뒤집어봐야 합니다.

그런 의미에서 낙서를 하는 것도 좋은 방법입니다. 분위기 좋은 카페에 앉아 이것저것 쓰다 보면 상당히 괜찮은 아이디어를 얻을 수 있습니다. "창의력은 개발하는 것이 아니라 그동안 창의력을 막았던 것들을 없애는 것이다"라는 말처럼, 도전적 생각, 상식 파괴 등이 필요합니다.

마지막으로 환경적 변화를 주는 겁니다. 저는 책을 쓸 때 어느 날에는 제 방, 어느 날은 커피 전문점, 어느 날은 도서관, 카페 등 장소와 시간을 바꿉니다. 그렇게 하면 리프레시되는 느낌을 받습니다. 집안의 가구 배치를 바꾸면 느낌이 달라지는 것처럼 장소 바꾸기를 강력 추천합니다. 뇌과

자존감, 긍정적 정서 ——— 모방하기 ——— 틀 깨기 ——— 아이디어

학 연구에서는 천장이 높은 곳이 아이디어 생산에 유리하다고 합니다. 색상은 초록색이 좋다고 하네요.

조금 더 구체적인 방법을 살펴보죠. 여기서는 아리스토텔레스의 토포이를 소개하겠습니다. 토포이는 'place(장소)'라는 뜻으로 우리 머릿속에 감추어져 있는 생각의 위치라고 이해하면 될 겁니다. 아리스토텔레스는 모든 아이디어가 우리 머릿속에 있는데 문제는 우리가 그 위치를 발견하지 못했기 때문이라고 합니다. 따라서 이런 틀을 가지고 특정한 주제에 적용해보면 새로운 시각을 얻을 수 있습니다. 집단 따돌림이라는 주제를 적용해보겠습니다.

＃ 대안 제시 토포이

① 문제(왜 대안이 필요한가?)

학교 중심의 현재 방법으로는 집단 따돌림을 해결할 수 없다.

② 심각성(문제가 대안을 생각할 정도로 심각한가?)

집단 따돌림은 한 학교에 국한된 것이 아니라 만연해 있다. 집단 따돌림으로 자살을 생각하는 학생도 많이 있는 것으로 조사됐다.

③ 본질성(본질적인 문제는 무엇인가?)

선생님의 지도로 해결될 문제가 아니라 학생들의 의식 변화가 무엇보다 필요하다. 느끼고 반성할 때 개선될 수 있다.

④ 해결력(그럼 대안은 무엇인가?)

학생 스스로가 느끼도록 방송반에서 자체 제작 프로그램을 만들어 학교 방송을 한다.

⑤ 실현 가능성(그 대안이 현실적으로 가능한가?)

전체 제작은 어렵겠지만 졸업한 선배의 도움을 어느 정도 받을 수 있다.

⑥ 부작용(대안이 가지고 있는 부작용은 무엇인가?)

혹시나 방송 프로그램이 너무나 인위적이고 자연스럽지 못하면 학생들이 감동은커녕 비웃을 것이다.

윌슨 아놀드 토포이

① 속성 토포이

- 존재 · 비존재(있는가, 없는가?)

    예) 집단 따돌림은 우리 학교에 존재하는지?

- 정도나 양(어느 정도인가, 얼마나 있는가?)

    예) 집단 따돌림은 얼마나 있는지?

- 공간적 속성(지역별, 영역별로 어떻게 분포되어 있는가?)

    예) 집단 따돌림은 서울 지역에 집중적으로 있는지?

- 시간적 속성(역사적으로 어떻게 변천했으며 미래 전망은?)

    예) 집단 따돌림은 언제부터 시작되었는지?

- 움직임과 행동(어떻게 움직이는가?)

    예) 집단 따돌림은 어떻게 진행되는지? 따돌림 이후 폭력으로 이어지는지?

- 형태(어떻게 생겼는가?)

  예) 집단 따돌림은 어떻게 나타나는지?(폭력, 따돌림, 핀잔 등)

- 본질(어떤 구조와 특성을 가졌는가?)

  예) 집단 따돌림의 근본적인 문제는 아이들의 잘못된 가치관 때문인지?

- 변이력(변할 수 있는가? 바꿀 수 있는가?)

  예) 학생들의 가치를 변화시키면 집단 따돌림 문제를 해결할 수 있는지?

- 위력(얼마나 강한가?)

  예) 집단 따돌림이 아이들에게 어떤 영향을 미치는지?

- 요망성(얼마나 바람직한가?)

  예) 집단 따돌림 방지를 위한 프로그램 제작은 적절한지?

- 실현 가능성

  예) 집단 따돌림 방지를 위한 프로그램을 제작할 수 있는지?

② **관계 토포이**

- 인과 관계

  예) 학생들의 잘못된 가치관 때문에 집단 따돌림이 생긴다.

- 상관 관계

  예) 폭력적인 학생이 집단 따돌림을 주도하는 아이일 가능성이 있는지 그
  관계를 알아본다.

- 종속 관계

  예) 집단 따돌림은 심각한 사회 문제이다.

- 유사 – 대조 관계

  예) 한국의 집단 따돌림과 일본의 이지메를 비교해보니 비슷한 부분이 많다.

- 가능 – 불가능 관계

  예) 집단 따돌림의 심각성을 보여주는 프로그램을 방송하면 집단 따돌림은

  줄어들 것이다.

이번에는 제가 책을 쓰거나 강의를 준비할 때 아이디어를 창출하는 방법을 소개하겠습니다. 내용 구성을 준비하면서 아이디어를 얻는 방법입니다. 일석이조라고나 할까요.

우선 관련 자료를 조사합니다. 책이나 유인물, 인터넷의 출력물 등 다양한 자료를 가급적 많이 모읍니다. 특히 그 주제가 새로운 것이라면 더욱 신경 씁니다. 자료를 모을 때도 사실 자료인지 의견 자료인지를 잘 분류합니다. 또한 1차 데이터인지 2차 데이터인지도 살핍니다. 1차 데이터는 실제 조사, 서베이, 관찰 등을 통해 얻은 자료들이며, 2차 데이터는 누구에게나 공개된 자료입니다. 이렇게 체계적으로 분류해 자료를 모아둡니다.

다음으로 모은 자료들을 검토합니다. 어떠한 자료가 알차고 기준이 되는지를 파악하는 단계입니다. 그리고 그 중에서 10개 안쪽의 자료를 선정해 정독합니다. 정독할 때는 A4에다 내용을 주요 개념 위주로 정리합니다. 책 한 권당 A4 2장이 넘어서는 안 됩니다. 자료를 정리할 때는 워드보다는 직접 쓰는 것이 좋습니다.

그 다음 적은 종이를 방 한 벽면에 붙입니다. 그리고 1주일 정도 숙성시키죠. 숙성이라는 표현은 늘 고민하며 틈나는 대로 보는 것을 말합니다. 1주일 후 벽을 보며 내용을 구성합니다. 특히 공통된 부분과 새로운 시각에 관심을 가지고 접근합니다. 아마도 구성 중간에 멈칫하는 순간이 있을 겁니다. 그때는 작업을 멈추고 휴식을 가집니다. 큰 그림을 보고 다시 작업에 임합니다.

이런 과정을 거치다 보면 생활 속의 사물이 새롭게 다가오는 것을 느낄 수 있습니다. 왜냐하면 그 주제에 몰입돼 있고 그 사고방식으로 사물을 보기 때문입니다. 그러다 보면 다른 책이나 자료에서 얻을 수 없는 나만의 아이디어와 구성이 나옵니다. 여러분도 한번 시도해보시죠.

아이디어 창출 방법의 도식화 자체가 웃긴 일입니다. 어찌됐든 아이디어만 나오면 되니까요. 그런데 그렇게 나온 아이디어의 효용성은 어떻게 판단할 수 있을까요? 칩 히스와 댄 히스의 《스틱(stick)》에서 그 해답을 찾을 수 있을 것 같습니다.

첫째, 의외성입니다. 얼마나 독창적인가 하는 것이죠.

둘째, 구체성입니다. 너무 추상적인 아이디어나 접근은 비현실적입니다. 프레젠테이션은 아주 구체적이고 현실적인 설득 작업이니까요.

셋째, 타당성입니다. 그 아이디어가 일관되게 프레젠테이션 목표를 향하고 있는가입니다. 관계가 없거나 동떨어지거나 하면 안 되겠죠. 청중의 이익, 외부 요인(아이디어를 활용할 수 있는지), 청중의 지식 정도에 따른 합당한 아이디어인지 검증해야 합니다.

넷째, 느낌입니다. 한마디로 '이야기되는지', '활용 가능한지', '기발한지'의 문제입니다.

다섯째, 단순성입니다. 아이디어가 단순하지 않으면 사람들은 이해하지 못합니다. 프레젠테이션은 과학 실험이 아니기 때문이죠.

청중 분석

잭 웰치의 3P 분석은 프레젠테이션을 준비할 때 아주 유용한 도구입니다. 목적(purpose)에 따라 제안형, 설명형, 동기 부여형, 설득형, 유희형 등이 있죠. 청중(people) 분석은 청중의 인구통계학적 특성, 지적 수준, 이익 등이 있습니다. 환경(place) 분석은 장소, 시간, 기자재 등의 분석입니다.

이 중에서 가장 중요한 것은 여러분도 아시다시피 청중 분석입니다. 청중 분석은 치밀하게 철저히 할수록 좋습니다. 기획 단계에서부터 전달 단계까지 가장 중요시해야 하는 부분입니다. 준비에 몰입하다 보면 내 중심으로 진행을 하게 됩니다. 나는 분명히 좋을 것이라고 생각해 구성하고 준비했는데, 막상 현장에 가보면 이게 아니구나 싶은 적이 많으셨을 겁니다. 프레젠테이션의 기본 틀, 즉 이곳을 넘으면 안 된다는 울타리가 있다면 그것은 '청중 분석'이라는 울타리입니다. 모든 것을 이곳에서 해결해야 합니다. 예외가 있다면 아이디어 개발인데, 개발했다면 그것 역시 청중이라는 틀 속에서 취사선택을 해야 합니다.

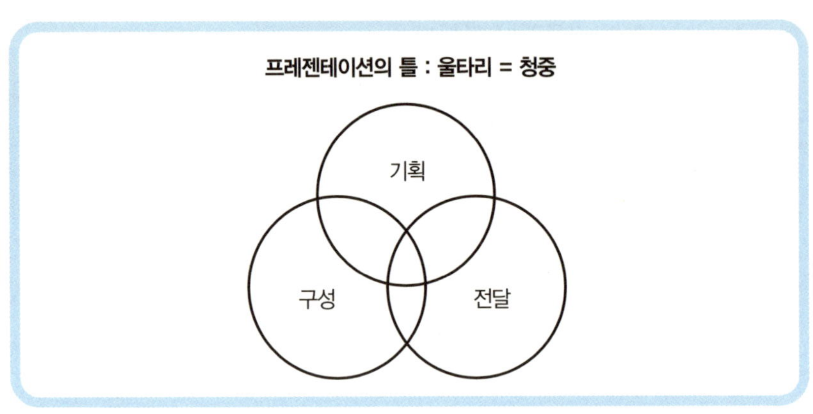

프레젠테이션 시 청중 분석이 잘되었다면 다음과 같은 멘트가 자주 나와야 할 겁니다. "그렇습니다. 이것은 여러분에게 중요한 의미를 가지고 있습니다." "왜 제가 여러분께 이런 이야기를 할까요? 자, 들어보시죠." "여러분이 반드시 해야 할 일입니다. 왜 그럴까요?" "바로 여기에 여러분의 이익이 있습니다." "좀 다른 접근이 필요합니다. 그곳에 여러분의 이익이 있기 때문입니다." "여러분의 문제점은……입니다. 그러나 해결 가능합니다."

그럼 청중 분석을 시작해볼까요? 청중 분석에 따라 프레젠테이션 접근 방법도 확연히 달라집니다. 크게 이익 분석, 형태 분석, 특성 분석으로 나눌 수 있습니다.

이익 분석은 모든 분석에서 우선됩니다. 프레젠테이션이 목적성 있는 설득 스피치이기 때문에 그렇습니다. 고객의 이익이 그 어떤 것보다 우선

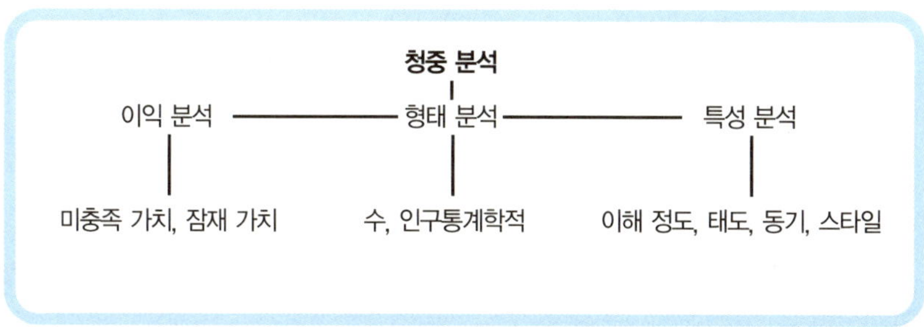

되어야 합니다. 앞서 언급한 것처럼 프레젠테이션은 고객의 가치를 창조하고 상상하게 만드는 작업입니다. 이익은 단기 이익과 장기 이익, 또 미충족 가치와 잠재 가치가 있습니다. 이것은 혼재되어 있어 세밀한 접근이 필요합니다.

　미충족 가치는 청중이 느끼고 있는 현실적 필요성입니다. 즉 고객 회사에서 비용 절감을 위해 전산 시스템 구축을 의뢰했고 우리 회사는 수주를 따기 위해 프레젠테이션을 한다고 가정해봅시다. 비용 절감을 위한 시스템 구축은 미충족 가치입니다. 하지만 고객 회사의 장기적 발전을 위해서는 고객 회사에서 요구한 전산 시스템뿐 아니라 추가적 시스템이 필요합니다. 그런데 그 비용이 만만치 않습니다. 고객 회사의 장기적 발전을 고민한 것이 잠재된 가치입니다. 고객은 그 필요성을 현재 느끼지 못하고 있습니다. 프레젠테이션에 미충족 가치와 잠재 가치를 같이 투입해서 설명합니다. 좋은 프레젠테이션은 잠재 가치를 정확히 알리고 상상하게 만들어 고객을 움직이게 합니다. 만약 고객이 그래도 필요성을 느끼지 못했다면, 좋은 프레젠테이션을 하지 못한 겁니다. 그렇다고 너무 몰아치거나 다그치지 마십시오. 고객 회사가 생각한 비용은 철옹성처럼 머릿속에 굳어져 있기 때문에 잘 바뀌지 않습니다. 다그침은 오히려 사업을 망칠 수 있습니다.

형태 분석은 인구통계학적 분석입니다. 청중 수, 성별, 연령, 학력, 경력 등이 포함됩니다. 우선 청중 수에 따라 프레젠테이션 접근이 달라집니다. 15명 이내(소수), 30~50명(중간), 100명 이상(다수) 등으로 구분할 수 있을 겁니다.

통상적으로 15명 이내 소수인 경우엔 상호간의 피드백이 가능하기 때문에 심도 깊은 설명과 상호작용이 무엇보다 중요합니다. 한 사람 한 사람을 설득한다는 느낌으로 눈을 맞추며 설득해야 합니다. 특히 질문 등을 통해 중간 중간 이해 정도와 태도를 파악하는 것이 중요합니다. 한마디로 상호교감을 해야 합니다. 그러기 위해서는 공간언어를 활용할 필요가 있습니다. 이것은 3장 '전달의 비밀'에서 살펴보겠지만 사람 앞으로 다가가서 눈을 보며 이야기하는 것입니다. 일반적이고 공식적인 이야기를 할 때는 중앙에 서 있다가, 강조하거나 공감대를 유발할 때는 사람 앞으로 다가가는 것입니다.

100명 이상의 대규모 프레젠테이션에서는 쇼적인 부분이 필요합니다. 이성적 접근보다는 감성적 접근으로 사람들의 흥미를 유발하는 것이 좋습니다. 그룹으로 눈맞춤을 하며 전체 분위기를 이끌어야 합니다. 박수나 웃음이 나오도록 유도하는 것이 관건이겠죠. 또한 사람들이 지루해하지 않도록 하며 정확한 발음과 발성으로 전달력에 신경을 써야 합니다.

30~50명 정도 규모는 소수, 다수의 방법을 모두 사용하는 것이 효과적입니다. 특히 중간 규모에서는 핵심 인물, 의사결정권자를 집중 공략하는 것이 필요합니다. 또한 공간언어, 즉 적절한 움직임으로 친근감을 유발하는 것도 필요합니다.

예전에는 여성은 감성적이고 남성은 논리적이라는 도식적 생각으로 성별에 따라 내용 구성을 달리했지만 지금은 그럴 필요가 없어 보입니다. 성별에 따라 신경 써야 될 부분은 사례의 적절성입니다. 청중이 여성이 많은 경우 여성들이 공감할 내용을 전하는 것이 효과적이겠죠. 예전에는 여성에게는 사례 중심, 남성에게는 논리·자료 중심이 필요하다고 했는데 그런 접근이 오히려 역효과를 낼 수도 있습니다.

연령은 세심한 주의가 필요합니다. 젊은층에게는 시대적 트렌드와 혁신적이고 공격적인 내용을, 장년층에게는 논리적이고 현실적인 대안들이 효과적일 겁니다. 또한 말의 속도에 있어서도 젊은 층에게는 조금 빠르게 하는 것이 세련된 느낌을 줄 수 있습니다. 연령층이 섞여 있는 경우가 가장 어렵습니다. 각자의 요구가 다르기 때문인데 모든 연령층이 공감할 내용을 먼저 이야기한 후 각자 연령층에 맞는 이야기를 하며 완급 조절을 할 필요가 있습니다. 저도 어려운 강의를 꼽으라고 한다면 교수 대상 강의,

연령층이 다양한 강의입니다. 하지만 그런 강의를 여러 번 경험하면 본인의 스피치 실력이 향상됨을 느낄 수 있습니다.

학력·경력이 확실히 구분되는 프레젠테이션은 없습니다. 단지 학력이 낮은 동일 집단에서는 전문용어나 외국어 사용을 자제하는 것이 좋습니다. 가장 좋은 것은 잭 웰치가 하는 것처럼 쉽고 간결한 언어로 전하는 것입니다. 전문용어나 외국어 사용이 자신의 능력을 보여준다는 착각은 버려야 합니다. 다만 학력이나 경력이 동일한 집단에서의 프레젠테이션에서는 공통점을 부각시켜 공감대를 형성시키면 되겠죠.

특성 분석은 청중의 이해 정도, 태도, 동기, 스타일 등이 있습니다. 이해 정도를 지적 수준으로 이해할 수도 있을 겁니다. 관련 주제에 대해 청중이 어떤 지식 정도를 가지고 있는지는 아주 중요합니다. 사전에 관련 정보를 획득한 경우라면 바로 본론으로 들어가서 논리적인 접근이 주요할 겁니다. 배경 지식이 없다면 필요성에 대한 세밀한 설명이 선행되어야겠죠. 뒤에서 설명하겠지만 사람은 동기나 지적 능력에 따라 메시지를 받아들이는 방법이 다릅니다. 정교화 가능성 모델이라고 하는데 주제에 대한 관심과 이해도가 높으면 논리적으로, 관심과 이해도가 낮으면 감성적으로 접근하는 것이 좋습니다.

적대적 태도를 가진 청중을 설득하기는 어렵습니다. 처음부터 선입관을 가지고 있기 때문에 웬만해서는 마음을 열지 않습니다. 따라서 청중의 태도가 어떠한지를 먼저 파악해서 정교한 접근을 해야 합니다. 가장 중요한 것은 공감대 형성과 관계 형성입니다. 따라서 자기의 주장을 먼저 전하기 전에 모두가 공감할 수 있는 사안을 극대화시키는 방법이 필요합니다. 그러기 위해서는 당연히 완곡어법이 필요하겠죠. 같은 이야기라도 "꺼려하실 거라 생각됩니다. 저희도 그런 문제를 인지하고 있습니다. 그럴 때 이렇게 생각해보시면 어떨까요?"라고 시작하면 청중은 호의를 가질 겁니다. 왜냐하면 커뮤니케이션은 내용뿐만 아니라 관계가 중요하기 때문이죠. 술에 취해 집에 들어가 "밥 줘"라고 했을 경우, 어떤 결과가 있을까요? "밥 줘"라는 내용은 같지만 그 관계를 고려하지 못한 경우겠죠.

적대적 청중들에게 효과적인 방법은 프레젠터의 호감도를 높이는 것입니다. 반대하는 사안과 프레젠터를 분리시켜 프레젠터의 호감도를 높이는 거죠. 적절한 의상과 말투, 세련된 매너, 완곡어법 등을 사용하면 청중들은 강한 호감도를 느끼고 조금씩 마음을 열 겁니다.

또한 반드시 양면적 메시지를 활용해야 합니다. 일면적 메시지는 주장하고 싶은 것만 보여주는 것이지만 양면적 메시지는 프레젠터의 주장과 다른 주장을 동시에 보여줘서 청중이 선택하도록 하는 방법입니다. 그래서 저는 컨설팅을 할 때 우리의 주장과 다른 쪽의 주장을 한 슬라이드에 보여주고 청중들에게 호소하는 방법을 즐겨 사용합니다.

적대적 청중을 대할 때 가장 중요한 것은 서두르지 말라는 겁니다. 설령 그 자리에서 거부를 당하더라도 무리하면 안 됩니다. 즉 현실적인 목표를 잡는 것이 필요합니다. 프레젠테이션 자리에서 설득을 하고 말겠다는 욕심을 버릴 때 좋은 결과뿐 아니라 다음 기회를 얻을 수 있습니다. 설득이라는 버스는 다음에 또다시 옵니다.

사람은 동기에 의해 움직입니다. 여러 학설이 있지만 대체적인 의견은 소속감, 권력, 성취에 의해 움직인다는 겁니다. 사람은 어디에 소속되고자 움직이고, 힘을 발휘하거나 억눌려서 움직이고, 인정받거나 새로운 것을 얻기 위해 움직입니다. 100대 기업에 소속되고자 경영을 한다면 소속감이라는 동기가 작동한 것이고, 재계의 영향력을 행사하고자 어떤 행위를 한다면 권력의 동기가 작동한 것이며, 새로운 정보를 얻기 위해 움직인다면 성취의 동기가 작동한 것으로 볼 수 있습니다. 청중의 동기를 사전에 파악한다면 청중이 생각하는 진짜 이익을 발견하게 될 것이고, 그것은 설득에 결정적인 영향을 미칠 겁니다.

우선 이성적 동기가 있습니다. 가격, 일정, 기술을 중요시하는 동기죠. 현실적인 부분에 관심 있는 것으로 논리적이고 이성적으로 접근할 필요가 있습니다. 가격 경쟁력, 빠른 작업, 신기술 도입 등은 청중을 매력적으로 사로잡을 겁니다.

또한 감성적 동기가 있겠죠. 자존심, 명예 같은 동기입니다. 이것을 구매하면 1% 안에 든다는 자부심을 심어줍니다. 업계 최고가 될 수 있다는 동기를 집중 공략하면 될 겁니다. 개인이나 회사나 이 명예욕은 생각보다 대단합니다. 그러나 매슬로의 욕구 체계에서 보듯이 기본적인 욕구가 충족될 때만 명예욕이 생긴다는 것을 명심해야 합니다.

끝으로 문화적 동기가 있습니다. 종교나 조직 문화, 혈연 같은 것이겠죠. 제안들이 청중의 문화적 코드와 맞느냐가 중요한 부분입니다. 독특한 조직 문화와 연관성이 있다면 더욱 좋을 겁니다. 문화적 동기를 유발하기 위해서는 개인이나 기업의 종교, 신념, 문화 등에 대한 사전 조사가 철저해야 합니다.

청중에 있어 가장 중요한 사람은 의사결정권자입니다. 이 사람만 설득한다면 문제는 해결이 되겠지요. 의사결정권자의 성향을 3가지로 구분할 수 있을 것 같습니다.

첫째, 직선적 스타일입니다. 성격이 급하고 과정보다는 결과를 중요시하는 타입이죠. 그런 사람에게 수많은 자료와 근거는 짜증을 유발할 수도 있습니다. one page proposal로 제안을 하는 방법이 효과적입니다. 우선 결과를 설명하고 그 근거를 풀어나가는 방법을 택하는 겁니다. 간결하고 명확한 어휘 사용도 중요합니다. 깔끔한 팩트(fact, 사실) 위주의 진행이 필요합니다.

둘째, 분석적 스타일입니다. 치밀해서 작은 수치에도 민감한 타입입니다. 많은 근거와 사례, 통계 자료들을 인용하는 것이 좋겠죠? 특히 근거를 제시할 때도 그 근거 출처를 명확히 하는 것이 좋습니다. 나눠주는 프린트물에 프레젠테이션에서 다하지 못한 근거를 첨부하는 것도 좋은 인상을 줄 겁니다.

셋째, 정치적 스타일입니다. 참석하고 있는 다른 사람들의 반응을 가장 중요시하는 타입입니다. 프레젠테이션 동안 관망하고 있다가 최종 분위기를 보고 의견을 취합해 결정하는 사람입니다. 이런 스타일에서 중요한 것은 이벤트적인 요소입니다. 비주얼이나 동영상 등을 동원해서 참석한 사람들이 몰입할 수 있도록 하고 박수, 탄성 같은 반응이 나오도록 유도해야 합니다. 또한 질문, 참여 등을 통해 상호작용적 요소를 늘리는 것도 좋습니다.

콜롬비아대학교의 심리학 교수인 윌리엄 마스턴(William Marston) 박사가

4가지 성격 패턴에 따른 특징

신속한 결정

주도형(D)	사교형(I)
결과 지향적이다.	호의적인 인상이며
신속하게 결정한다.	관계가 좋다.
도전을 받아들이고	말솜씨가 좋다.
적극적으로 해결한다.	설득을 잘한다.
지도력을 발휘한다.	그룹 활동을 선호한다.
포기하지 않는다.	

일 중심 ——————————————— 사람 중심

신중형(C)	안정형(S)
원칙과 기준을 중시한다.	충성적이며 협조적이다.
분석적이다.	참을성 있고 꾸준하다.
갈등에 우회적으로	경청을 잘한다.
접근한다.	쉽게 동의한다.
비판적이다.	

심사숙고

제시한 DISC 분류법도 알아두면 좋습니다. 그 4가지 패턴은 바로 주도형 (Dominance), 사교형(Influence), 안정형(Steadiness), 신중형(Conscientiousness)입니다.

신속한 결정과 일 중심인 주도형은 직선적 타입과 유사합니다. 따라서 앞부분에 하고자 하는 바를 명확히 제시하고 설득해야 합니다. 특히 한 장의 종이, 슬라이드로 핵심 메시지를 부각시킬 필요가 있습니다. 일 중심적인 사고를 가지고 있으며 신중한 결정을 하는 신중형은 분석적 스타일이라고 할 수 있습니다. 각종 데이터와 근거를 통해 설득을 시도해야 합니다. 사람을 중시하고 신중한 안정형은 정치적 스타일입니다. 자신의 입장보다는 조직의 분위기에 좌우되기 때문에 프레젠테이션을 할 때에 이벤트적인 요소를 활용해서 좋은 반응을 이끌어내야 합니다. 사람과의 관계를 중시하는 사교형은 프레젠테이션도 중요하지만 프레젠테이션 전, 후 어떤 관계와 인상을 갖는지가 중요합니다. 프레젠테이션이 끝난 후 의견을 묻거나 개인적인 관계를 유지하는 것이 효과적입니다.

참 복잡하죠. 프레젠테이션은 상황 의존적, 청중 중심적 스피치입니다. 따라서 고려해야 할 변수가 많습니다. 여러 가지 각도에서 분석을 했지만, 이 접근이 다 맞는 것은 아닙니다. 그때그때마다 달라질 수 있습니다. 하지만 이런 분석은 방향을 잡을 수 있는 나침반 역할을 톡톡히 할 겁니다. 청중 분석의 특징을 하나로 요약하자면 청중 중심적 스피치, 즉 공감적 프레젠테이션을 해야 한다는 점입니다. 그런 노력을 했을 때 창조적 프레젠

	항목	결과	고려할 점
이익 분석	1. 청중이 원하는 이익은? 2. 청중의 잠재 가치는? 　(청중이 모르고 있는 가치)		
형태 분석	3. 청중 수 4. 연령층 5. 성별 구성 6. 경력		
특성 분석	7. 주제의 이해 정도 8. 주제에 대한 태도(적대적·호의적) 9. 동기(이성적·감성적·문화적) 10. 스타일(직선적·분석적·정치적) 11. 의사결정권자(오피니언 리더)		
총평			

테이션이 가능합니다. 청중 분석표가 많은 도움이 될 것입니다.

준비 로드맵

2007년에 시애틀에서 인터넷 장비업체 시스코사의 존 체임버스(John Chambers) 회장의 특강을 들은 적이 있었습니다. 한 시간 동안의 특강이었는데 무대를 장악하며 프레젠테이션을 하는 것이 인상적이었죠. 특히 공간 활용을 잘했으며 청중과의 완급 조절이 뛰어났습니다. 눈을 맞추며 청중과 가까이 했다가 다시 무대 중앙으로 가는 것을 반복하며 사람들이 집중하도록 유도했죠.

질문 시간에 한 기자가 물었습니다. "당신의 프레젠테이션 스킬의 비법은 무엇입니까?" 그때 존 체임버스는 "STEP BY STEP" 단계적으로 준비한다고 답했습니다. 그리고 아리스토텔레스의 수사학적 기준 5가지를 이야기하며 이 방식을 사용한다고 했습니다. 아리스토텔레스의 5가지 수사학 기준은 스피치를 준비하는 과정이라고 할 수 있습니다. 아이디어를 내는 고안(invention) 단계, 아이디어를 배치하는 배열(arrangement) 단계, 상황을 분석하는 스타일(style) 단계, 내용을 숙지하는 암기(memory) 단계, 마지막으로 전달(delivery) 단계입니다. 존 체임버스는 이런 단계적 준비를 통해 콘텐츠를 내 것으로 만들 수 있었습니다.

앞서 강조한 상위인지 능력도 인지적이고 단계적인 방법으로 향상됩니다. 즉 스피치에 대한 여러 변수(청중, 발표 불안증, 스토리텔링, 자기 노출 등)를 인식하고 단계적으로 스피치를 준비하고 실행할 때 상황 통제력이 향상됩니다. 여기서는 프레젠테이션에 적용 가능한 6단계를 제시하고자 합니다. 이 단계가 절대적인 원칙은 아닙니다. 단지 참고하여 단계적 준비에 도움이 되었으면 합니다.

1단계. 목적 파악

- 누구에게, 어떤 것을, 어떤 방식으로 전할지 고민하는 단계입니다.
- 경쟁 PT라면 입찰 공고, 경쟁 방식, 장소, 시간, 상대 업체 같은 기본

적인 자료를 얻고 분석하는 겁니다.

- 또한 문제 제기를 통해 어떤 해결책과 방안이 타당한지 1차로 생각하는 겁니다.

- 1단계는 구체적인 방법이 나올 수 없습니다. 단지 자료를 찾기 위한 기본 방향 설정의 단계입니다.

2단계. 자료 조사

- 상황, 주제, 청중(대상자)에 대해 자료 조사를 하는 단계입니다.

- 공개된 2차 데이터뿐 아니라 직접 조사, 관찰, 서베이 등을 통한 1차 데이터도 모아야 합니다.

- 가급적 다양하고 구체적인 자료들을 모은 상태에서 체계적 분류도 이루어져야 합니다.

3단계. 컨셉 & 아이디어

- 모은 자료를 바탕으로 다양한 아이디어를 내는 단계입니다.

- 결정적 메시지, 컨셉을 결정해야 합니다.

- 아리스토텔레스의 고안 단계입니다.

4단계. 구성

- 나온 아이디어를 배치하는 단계입니다. 3단 구조로 서론에서는 주변

환기와 컨셉 부각을, 결론에서는 앞선 내용의 요약과 행동 촉구에 대한 것을 배치시키는 것이 효과적입니다.

- 모은 자료와 아이디어를 취사선택하는 단계입니다.
- 파워포인트의 시나리오와 슬라이드를 꾸미는 단계입니다.

5단계. 인지

- 우선 전체 원고를 구어체로 스크립트를 작성합니다. 그것을 읽으면 바로 프레젠테이션이 될 수 있을 정도로 꼼꼼하게 적어야 합니다.
- 그리고 이 스크립트를 압축해 스피치 개요서, 큐카드로 만듭니다.
- A4 반 장 크기의 종이 몇 장을 가지고 전체 내용을 정리합니다.

6단계. 전달 & 평가

- 스피치 개요서를 가지고 연습하는 단계로 녹화가 필수 사항입니다.
- 명확한 척도를 바탕으로 모니터가 철저히 이루어져야 합니다.
- 2, 3번의 연습 후 발표를 합니다. 다시 철저한 평가를 받습니다.
- 실전 발표 후 다시 평가를 합니다. 이런 평가표는 여러분의 프레젠테이션 능력을 향상시킬 겁니다.

3. 프레젠테이션에서 바로 활용할 수 있는 커뮤니케이션 이론들

프레젠테이션은 프레젠터(sender)가 일정한 메시지(message)를 채널(channel, 슬라이드, 목소리, 비언어)을 통해 청중(receiver)에게 보내 효과(effects)를 얻는 것입니다. 이것이 그 유명한 라스웰의 S-M-C-R-E 모델입니다. 프레젠테이션은 고도의 설득 기술이 필요한 커뮤니케이션임에도 불구하고 다양한 기술들을 잘 활용하지 못하고 있는 것 같습니다. 주로 내용 구성과 슬라이드 작성에 집중하고 있죠. 여기서는 간략하게 바로 활용할 수 있는 커뮤니케이션 이론을 설명하겠습니다. 기획, 구성, 전달 단계 모두에서 적용이 가능합니다.

공신력 : 전문성, 신뢰성, 역동성을 보여줘라

공신력(credibility), 이것은 사실 사람이라면 누구나 갖고 싶은 최고의 능력입니다. 우리가 프레젠테이션을 하는 것도 이 공신력을 높이기 위한 것이겠죠. 등장했을 때 청중을 압도하는 사람이 있습니다. 이런 느낌은 한 번의 이미지로 결정되는 것이 아니라 쌓여온 이미지입니다. 공신력은 바로 카리스마, 존재감이라고 할 수 있습니다.

공신력의 어원을 따져보면 아리스토텔레스의 에토스(ethos)로, 진정성이라고 이해하면 될 겁니다. 청중이, 말하는 사람을 믿어주고 그에 따르는 것을 말합니다. 그런데 재미있는 것은 프레젠터가 공신력이라는 능력을 가진 것이 아니라, 공신력은 청중의 마음속에 있는 이미지라는 겁니다. 공신력은 3가지 요소로 구성되어 있습니다. 똑똑해 보이는 전문성, 믿음직스럽게 보이는 신뢰성, 매력적으로 보이는 역동성입니다. 이 3가지 요소가 복합적으로 작용하여 청중 마음속에 형성되는 것이 공신력입니다. 따라서 우리는 그렇게 보이기 위해 노력을 해야겠죠?

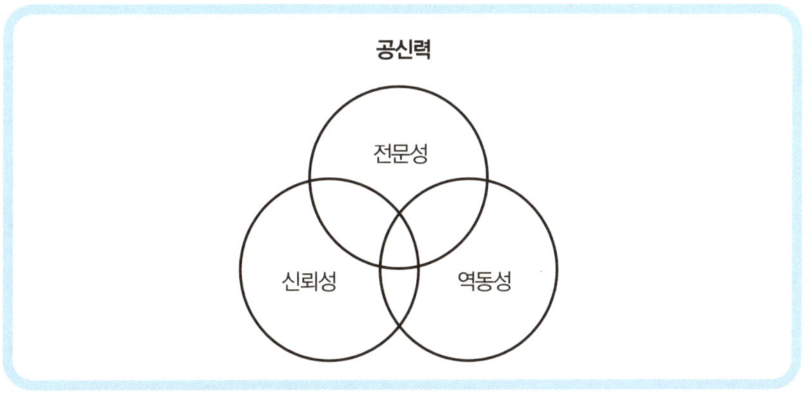

그렇다면 어떻게 말하면 공신력 있게 보일까요? 우선 전문성 있게 보이기 위해서는 구체적인 증거와 근거를 대는 것이 필요합니다. "어디에서 들은 거야"라고 무책임하게 말하기보다는 어느 기관에서 어떤 조사를 통해 얻어진 내용인지를 구체적으로 적시하는 겁니다. 우리의 통상적 대화를 보더라도 어디에서 들은 이야기인지를 정확히 언급하는 사람과 얼버무리는 사람과는 큰 차이가 있습니다. 그것이 습관처럼 굳어버리면 더 큰 문제가 생기겠죠. 프레젠테이션 시간이 한정되어 있어 다 언급할 수 없다면 유인물에 첨부를 하고 그것을 언급하면 좋습니다. 그리고 조사기관 자체의 공신력 역시 중요합니다.

또 비유를 들면 전문성 있게 보입니다. 비유라고 함은 제반 사항을 이해했을 때 가능합니다. 비유를 드는 순간 사람들은 프레젠터가 완벽히 상황을 파악했다고 믿습니다. 물론 그 비유가 타당하고 적절해야겠죠.

끝으로 기승전결에 맞게 말하는 겁니다. 이야기의 흐름이 명확하고 자연스러워야 합니다. 두서없이 말하는 사람과 짜임새 있게 말하는 사람은 큰 차이가 있습니다. 이 점은 3장에서 다시 말씀드리겠습니다.

신뢰감 있게 보이기 위해서는 자기 경험이나 다른 사람의 경험을 이야기하는 것이 좋습니다. 오바마, 오프라 윈프리, 스티브 잡스 등은 자기 노출의 달인들입니다. 적절히 자기를 여는 방법을 압니다. 무작정 자기 이야기를 하는 것이 아니라 그 상황에 적절한지 봐서 단계별로 이야기합니다. 방송에 나오는 유명 강사들을 보십시오. 학문적 근거 있게 논리적으로 이야기하나요? 자기 살아온 이야기를 중심으로 눈물과 웃음을 유도합니다. 방송이라는 감성적 매체를 잘 활용하면서 사람들의 신뢰감을 얻습니다.

따뜻한 눈빛 역시 중요합니다. 눈을 통해 사람들은 깊은 소통과 교류를 합니다. 비언어적 부분에서 다시 강조를 하겠지만 프레젠터는 눈맞춤(eye-contact)을 잘해야 합니다. 프레젠터의 진심과 열정을 보여줄 수 있고, 청중의 반응을 살필 수 있기 때문입니다.

또한 감정에 호소하는 실화 중심의 이야기를 하는 것도 효과적입니다. 사람에 대한 이해가 깊고 인간 관계가 깊다는 것을 보여줄 수 있는 좋은 방법이기 때문입니다.

역동성은 청중이 말하는 사람을 적극적이고 사교적인 사람으로 느끼는 것입니다. 한마디로 매력을 느끼는 것이죠. 매력은 웃음에서 나옵니다. 말하는 사람이 얼마나 유머스러운가가 중요합니다. 단 썰렁하면 안 되겠죠. 본인의 유머 감각, 표현 능력에 대한 냉철한 평가가 필요합니다. 그렇지 않으면 역효과가 날 수 있으니까요. 저도 처음 강의를 할 때 웃겨야 한다는 강박관념이 있었습니다. 그래서 어설픈 몇 가지 유머를 준비했죠. 그리고 시도했습니다. 그 썰렁함이란…… 소위 '무덤을 파는 스피치'라 할 수 있을 겁니다. 그런데 이런 분 계시죠. 유머를 썼는데 분위기가 안 좋다고 "제가 그래서 또 하나 준비했습니다." 이것은 거의 '관뚜껑을 여는 스피치'라고 할 수 있습니다.

분위기에 맞는 적절한 멘트 역시 중요합니다. 소위 '사오정'은 매력을 발산할 수 없죠. 적절한 멘트를 하기 위해서는 듣기를 잘해야 하며 또 이야기의 핵심 요지를 잘 파악하고 순간적으로 적절한 사례나 자기 이야기를 끌어내는 능력이 필요합니다. 그리고 매력적으로 보이기 위해서 웃음을 활용해야 합니다. 말하면서 환하게 웃는 모습은 사람에게 큰 호감을 준다는 것이 최근의 연구 결과입니다.

총을 쏘면 탄환이 깊게 박히듯이, 일정 메시지가 청중에게 바로 적용된다는 탄환 이론은 2차 세계대전에서 많이 활용됐습니다. 바로 그 유명한 히틀러의 선전, 선동(propaganda)입니다. 탄환 이론은 정보가 차단되어 있는 사람들에게 효과적이었습니다. 실제로 고립된 미국 부대에게 비행기에서 팝송을 들려주면서 잘못된 정보를 주며 항복을 권유하면 굉장한 혼란을 겪었다고 합니다. 그래서 몇 개 대대가 투항한 일이 벌어졌습니다. 처음에는 상당한 효과를 보았지만 시간이 지나면서 이 이론의 한계가 드러났고 그 이론을 대체한 것이 바로 제한 효과론입니다. 사람들은 메시지를 받을 때 다른 사람의 의견에 큰 영향을 받는다는 겁니다.

미국의 라자스펠드(Lazarsfeld)는 대통령 선거에서 3천여 명을 7개월 동안 조사하며 사람들 사이에 오피니언 리더가 있고 그 사람들이 여론을 주도한다는 것을 밝혀냈습니다. 오피니언 리더의 특징은 미디어 접촉도가 높고 다른 사람과의 접촉량이 많은 사람입니다. 그 사람에게 영향력을 미치면 그 주변에 있는 사람들에게도 영향력을 미친다는 겁니다. 수용자들은 사회적 관계에 있어 영향을 받는다는 것을 말합니다.

프레젠테이션에 적용해볼까요? 우선 사전 조사가 필요하겠죠. 나의 프레젠테이션을 듣는 회사, 심사위원, 일반 청중들의 성향과 의사결정권자가 누구인지를 파악할 필요가 있습니다. 그 사람의 성향과 스타일을 파악하여 집중하는 겁니다. 프레젠테이션을 할 때 모든 사람을 만족시킬 수는 없습니다. 특히 팔짱을 끼거나 잡담을 하는 사람들을 보면 의기소침해서 그 사람들을 아우르고 가려는 경우가 있는데 의사결정권자에 대한 명확한 파악이 선행되었다면 그럴 필요가 없습니다. 그런 사람의 집중도를 높이기 위해 썰렁한 멘트나 유머를 구사하여 오히려 다른 사람의 집중도를 떨어뜨릴 수도 있습니다.

사전 조사를 하다 보면 사장에게 결정권이 있는 경우, 임원들의 합의가 중요한 경우, 사원들의 분위기가 중요한 경우 등 다양할 겁니다. 그 회사의 오피니언 리더, 즉 주류 세력은 어느 급인지 파악할 필요가 있습니다. 오피니언 리더인 그 사람들을 설득하면 나머지 사람들은 그들이 설득하니까요.

접종 이론 : 경쟁사의 이야기를 피하지 마라

탄환 이론으로 독일이 재미를 보면서 미국은 비상이 걸렸습니다. 부랴부랴 선전분석 연구소, 커뮤니케이션 연구소를 설립하여 탄환 이론을 이겨낼 커뮤니케이션 방법을 고안하죠. 그것이 바로 접종 이론입니다. 미리 일정의 병균을 주입하여 그 병원균이 침투했을 때 그것을 이겨내는 항체를 만들어내는 겁니다. 즉 미군을 전장에 투입하기 전 독일군의 선전 기법을 미리 교육하여 예방하도록 하는 거죠. 양쪽의 메시지를 먼저 제공함으로써 스스로 면역력을 기르도록 만드는 것입니다.

프레젠테이션은 상대방의 안과 비교하여 나의 제안을 받아들이도록 하는 작업입니다. 그렇다면 나의 프레젠테이션에서 상대방의 내용을 반드시 언급할 필요가 있습니다. 그래서 저는 컨설팅을 할 때 양면적 메시지, 우리의 안과 상대방의 안을 한 슬라이드에 보여줌으로써 극렬한 대비를 이루도록 합니다.

우리 안		상대 안	
장점		장점	
단점		단점	
특징		특징	

접종 이론을 시도할 때는 세련됨이 필요합니다. 무턱대고 상대 안을 비난하는 것이 아니라 논리와 근거를 가지고 지적해야 합니다. 그리고 나의 안을 충분히 설명한 후 상대 안을 지적해야지, 나의 제안을 설명하지도 않고 상대를 비난하는 것은 자신감 없는 모습을 보여주는 것입니다. 과감하게 우리 안의 장·단점, 상대 안의 장·단점을 보여주고 그럼에도 불구하고 우리 제안이 왜 청중에게 이익인지 설명한다면 거의 성공입니다. 특히 이런 비교 슬라이드에서는 프레젠터가 무대 중앙으로 나와 눈을 맞추며 진정성 있게 설득하면 훨씬 더 효과적입니다.

스티브 잡스 역시 이 접종 이론을 자주 사용합니다. 그의 멘트는 분명하고 직설적입니다. 아이폰 4와 관련하여 구글에 직격탄을 날립니다. "소프트웨어가 작동하면 배터리 소모가 많다"는 구글 창업자 래리 페이지의 말을 인용한 후 멀티 트래킹의 장점을 내세운 안드로이드폰과 달리 아이폰 4는 배터리 사용량이 적은 멀티 트래킹 기능을 갖추고 있다고 말해 상대를 공격하고 아이폰의 판매량이 경쟁사를 얼마나 앞서고 있는지 수치를 통해 명확히 보여줍니다. 그의 이런 기법은 접종 이론에 기인한 것입니다.

침묵의 나선 이론 : 다수의 의견임을 부각시켜라

미디어가 여론의 지지도나 반대도와 같은 의견 분포를 전달함으로써 사람들로 하여금 자신의 의견이 우세한 여론에 속하면 그 의견을 더욱 밝히도록 하고, 자신의 의견이 열세에 속하면 침묵하게 하는 효과를 가져온다는 이론입니다.

이 이론을 주장한 노엘레 노이만(Noelle-Neumann)은 인간은 고립에 대한 두려움이 있다고 봅니다. 미디어의 내용을 다수 의견으로 받아들여, 고립되지 않기 위해 그 의견을 수용한다는 겁니다. 또 선천적으로 사람은 소수 의견을 표명하기 싫어하고 사회 분위기를 감지하는 기관이 있다고 주장하죠. 결국 미디어를 통해 사람들은 어떤 의견이 다수 의견이고 소외당하지 않기 위해서는 어떻게 해야 하는지 판단한다는 겁니다.

미디어에 나타난 경제 뉴스를 통해 앞으로의 경제를 예측한 프레젠테이션을 본 적이 있는데 인상적이었고 신뢰가 갔습니다. 프레젠테이션을 할 때 미디어의 내용을 언급하는 것은 효과적입니다. 그 미디어가 공중파나 주요 언론이어야 되겠죠. 또한 설문 조사에 나타난 다수 의견임을 부각시키는 것도 좋은 방법입니다. 한마디로 대세 몰이를 하는 것이죠. 저의 경험으로는 앞부분에 배치시켜 임팩트를 주는 것이 효과적이었습니다. 군더더기를 빼고 큰 화면에 수치만을 보여주는 거죠. "91%, 이것이 어떤 의미를 가지고 있는지 아십니까? 00 제품을 사용하는 기업체의 퍼센트입니다." 그런 식으로 수치만으로 강조점을 주면 사람들은 침묵의 나선 이론에 빠지게 될 것입니다. 그리고 수치를 보여줄 때는 많은 수치나 숫자를 보여주지 말고 강조하고자 하는 그 수치만을 극적으로 보여주기 바랍니다.

인지 부조화 : **그들의 상식을 공격하라**

이솝우화에 보면 여우가 길을 가다 포도나무를 보고 포도를 먹기 위해 점프를 합니다. 그러나 결국 실패하죠. 그러면서 포도를 보며 하는 말 "저 포도는 분명 실 거야."

우리가 생각하는 상식이나 신념은 서로 연관되어 있는데 그것과 어긋난 것이 인식되면 불편함을 겪고 태도 변화가 이루어진다는 것이 페스팅거(Festinger)의 인지 부조화입니다. 다른 예를 들어보죠. 내가 A라는 사람과 친합니다. 그런데 나랑 사이가 좋지 않은 B라는 사람이 A와 친하다는 것을 아는 순간 우리는 혼란스러워지고 불편합니다. 그때는 B에게 이야기를 해서 A를 정리하도록 하든지, 아니면 A와 끝내든지, B와 관계 회복을 시도합니다. 이것이 인지상정이죠. 우리가 믿는 상식과 다른 내용이 상당한 근거를 가지고 접근하면 우리는 혼란을 겪고 그것을 받아들이든지 지금의 생각을 강화하든지 선택을 하게 됩니다.

큰맘 먹고 차를 샀습니다. 그런데 2주일 뒤 다른 회사에서 같은 가격에 더 좋은 차가 출시됐다면 우리는 어떻게 하나요? 새로 나온 차의 광고나 자료를 조사해 안 좋은 점을 부각시키고 내가 산 차의 좋은 점을 극대화시키고자 노력할 겁니다.

앞서 말씀드린 것처럼 프레젠테이션은 사전 분석, 그 중에서도 청중 분석이 무엇보다 중요합니다. 청중 분석 시 청중이나 그 회사의 주요 행동, 상식, 신념, 문화 등을 철저히 조사합니다. 그리고 그 행동, 상식, 신념, 문화와 반대되는 제안을 합리적 근거를 가지고 제안하는 겁니다. 일단 자극이 되기 때문에 주의 집중은 확실합니다. 인지 부조화를 사용할 때는 명확한 근거가 선행되어야겠죠? 그렇지 않으면 설득은커녕 청중의 기존 신념이 더 강화될 테니까요.

의제 설정과 점화 이론 : **이슈를 선점하고 촉발시켜라**

2010년 6월 8일 미국 샌프란시스코에서 스티브 잡스의 아이폰 4 프레젠테이션이 끝난 직후 잡스가 소개한 아이폰 4의 화질, 기능, 크기 등이 모두 '최강의 경쟁자'로 꼽히는 삼성전자의 갤럭시 S보다 나아 보였습니다. 하지만 하루가 지난 후 전문가들 사이에서는 다른 의견이 나왔죠. 스티브 잡스는 아이폰의 LCD 디스플레이를 설명하면서 '망막(retina) 디스플레이' 라는 새로운 단어를 만들어내며 경쟁자인 갤럭시 S의 AMOLED보다 더 선명하다고 강조를 했지만, 찬찬히 살펴보면 모순이 있었습니다. 화질은 단순히 해상도가 아니라 다른 요인이 많은데 스티브 잡스는 해상도가 경쟁 업체보다 뛰어나고 정말 놀라운(amazing) 것이라며 사람들에게 강조를 한 겁니다. 또한 'Gorgeos', 'awesome' 같은 형용사를 반복하며 대단한 것처럼 포장했습니다. 결국 새로운 개념을 만들고 그것을 부각시켜 사람들이 그렇게 느끼도록 만든 겁니다. 전문가가 아니면 잘 모르기 때문에 스티브 잡스의 프레젠테이션을 본 많은 사람과 언론들은 아이폰 4의 우수성에 빠져버렸습니다. 그는 사람들에게 무엇을 생각할지를 만들어준 겁니다.

미디어는 사람들에게 '생각하고 있는 것(what to think)'을 알리기보다는 '무엇을 생각할 것인가(what to think about)', 즉 생각거리를 제공한다는 것이 의제 설정 이론입니다. 미디어에서 반복적으로 언급한 이슈들이 결국 사람들의 이슈가 된다는 것으로, 기사의 위치나 길이에 따라 의제 설정이 잘된다고 주장합니다.

'점화(Priming) 이론'이란 의제 설정의 결과물로서 특정한 의미를 지닌 자극에 노출되었을 때 관련되어 있는 생각이 활성화되고 촉발된다는 이론입니다. 처음에는 그 문제의 중요성을 인지하지 못하고 있다가 그 문제의 중요성을 강조하면 그동안 잠재돼 있던 생각과 필요성이 극대화된다는 겁니다. 스티브 잡스는 새로운 개념을 만들고 그것의 중요성을 강조했습니다. 화질의 요소 중 하나인 해상도만을 부각시켜서 말이죠.

한정된 시간 안에 나의 모든 이야기를 할 수는 없습니다. 많은 이야기 중 중요한 것 그리고 포괄적이고 핵심적인 것을 압축하여 전하는 것이 중요합니다. 키워드, 이슈, 주장 들이겠죠. 프레젠테이션 시 강조하고자 하는 바를 반복하고 중요한 위치, 즉 처음과 끝부분에 언급합니다. 기사의 위치와 길이처럼 말이죠.

사전 조사를 통해 청중의 잠재 가치(지금은 그 중요성을 인지하지 못하고 있지만 청중에게 중요한 그 무엇)를 파악하고 그 부분에 집중하십시오. 이번 제품의 특징이 안정성인지, 효율성인지를 정리하여 부각시키고 그 가치가 얼마나 중요한 것인지 사람들에게 알리는 겁니다. 사람들이 생각할 수 있도록 여건을 만드는 거죠. 대통령 선거를 보면 어떤 이슈를 선점하는지가 중요합니다. 경제, 변화, 심판 등 명확한 의제를 설정할 때 의제 설정과 점화 효과가 일어납니다. 좋은 프레젠테이션을 하기 위해서는 자기의 주장 중 버릴 것을 버리고 압축하는 것이 중요하며 상대의 가치를 정확히 파악하는 것 역시 중요합니다.

정교화 가능성 모델 : **사람에 따라 달리 접근하라**

사람들이 메시지를 받아들일 때 동기와 능력에 따라 다른 방법으로 수용한다는 것, 정교화 가능성 모델입니다. 사람은 몇 개의 메시지만 취하고 다른 것은 상당히 비이성적이고 주관적으로 판단한다는 겁니다. 어떤 메시지에 관심, 동기가 있고 그것을 판단할 능력이 있으면 중심 경로로, 그렇지 않으면 주변 경로로 메시지를 파악한다는 것이죠. 중심 경로란 청중이 메시지를 능동적으로 받아들이고 이성적이고 논리적으로 처리하는 것이고, 주변 경로란 말하는 사람의 신뢰감, 스타일, 청중의 상태에 따라 감성적으로 받아들이는 것을 말합니다.

우리가 물건을 구입할 때도 비싼 차를 구입할 때와 일상적 비누를 구입할 때 판단 기준이 조금씩 다르지 않나요? 어떤 것은 신중히 시간을 두고 판단하는 반면 어떤 제품은 광고의 이미지만을 보고 빠른 결정을 하죠. 바로 이것이 정교화 가능성 모델입니다. 물론 이 둘이 확연히 구분되는 것은 아니지만 방향을 결정할 때는 많은 도움이 될 겁니다.

프레젠테이션에 참석한 청중들이 특별한 의도나 관심이 없다면 감성적 접근이, 심사와 같은 뚜렷한 의도가 있는 경우에는 이성적 접근이 효과적일 겁니다. 그렇다고 한 부분만 강조하라는 것은 아닙니다. 비율과 방향성의 문제인 것은 아시겠죠? 학력이 낮은 사람들을 대상으로 하는 프레젠테이션에서 수치와 논리는 사람을 따분하게 만듭니다. 차라리 프레젠터의 이미지를 극대화시키든지 비주얼적인 요소를 강조하는 것이 훨씬 효과적일 겁니다.

세기의 재판이었던 OJ 심슨 사건을 알고 계십니까? 미국의 풋볼 영웅 심슨이 1994년 백인 전처와 남자친구를 죽인 혐의로 기소된 사건입니다. 검찰에서는 증거 재판의 일인자 마샤 클라크 검사를 내세우고, 변호는 조니 코크런이 맡죠. 클라크 검사는 지속적으로 증거를 들이대며 너무나 지루한 이성적 공방을 이어갑니다. 그런데 클라크 검사가 간과한 것이 있었습니다. 바로 배심원들입니다. 배심원들은 생업이 있는 사람들로 재판에 집중은 하고 있었지만 큰 동기가 있지는 않았습니다. 내 일이 아니니까요. 반면 코크런은 인종적 문제를 제기하며 자극적이고 감성적인 접근을 합니다. 쉬운 구어체로 배심원과 대화하죠. 어려운 법정 언어가 아닌 일상적 언어로 심슨을 체포한 경찰의 인종 차별적 행동을 부각시킵니다. 특히 검찰이 제시한 결정적 증거인 피 묻은 장갑을 심슨에게 직접 끼워보도록 하며 사람의 감성을 자극합니다. 장갑은 피가 묻고 시간이 흘러 쪼그라들었겠죠? 하지만 심슨에게 맞지 않는다는 것만 부각시킵니다. 결국 재판은 심슨의 무죄로 결론이 납니다. 이것이 바로 정교화 가능성 모델의 적용입니다. 확실한 이성적 증거를 감성적 접근이 이긴 경우입니다. 나중에 심슨은 자기가 전처를 죽였다고 고백했습니다.

매슬로의 욕구 체계 이론 : **그들의 욕구를 이해하라**

매슬로(Maslow)는 인간의 나쁜 행동을 합법적인 욕구가 좌절되었을 때 발생하는 비정상적인 행동으로 보았습니다. 인간이 이기적으로 행동하지 않기 위해서는 그에 앞서 충족해야 될 5가지 형태의 욕구가 있다는 겁니다. 이 욕구는 사다리 모양인데 중요한 것은 선행 욕구가 해결되어야만 다음 단계로 올라간다는 겁니다. 즉 상위의 욕구를 자극해도 하위의 욕구가 해결되지 못했다면 사람들은 움직이지 않는다는 거죠.

가장 기본적인 첫 번째 욕구는 생리적 욕구입니다. 음식, 잠, 성욕 같은 것입니다. 다음 욕구는 안전 욕구입니다. 자신의 위치에 대한 예측 가능성과 확실성입니다. 우리의 신변이 위협을 받고 있다면 불안하겠죠. 세 번째 욕구는 소속 욕구입니다. 다른 사람과의 관계를 중요시하며 지속적 관계를 맺고자 하는 욕구이지요. 그리고 어디에 소속되어 안정감을 느끼고 싶어 합니다. 네 번째 욕구는 존경입니다. 성취 욕구로 다른 사람의 인정을 받고 싶은 욕구입니다. 마지막은 자아실현 욕구입니다. 인간만이 가지는 자기 충족적 욕구로 자신의 행복과 의미를 찾고자 하는 의지입니다.

우리가 어떤 내용을 제안할 때 상대의 욕구를 파악하는 것은 무엇보다 중요합니다. 영업 이익이 안 좋아 고민하는 회사에 직원들의 복리 문제를 제안한다면 타당할까요? 그 회사의 욕구, 고민이 무엇인지 파악하고 그 단계에 맞는 제안이 필요합니다. 그 상위의 욕구 문제를 제기하려면 그 문제 해결을 통해 하위의 욕구도 충족된다는 것을 증명하면 되겠죠. 즉 영업 이익이 좋지 않은 것은 직원들의 충성도가 떨어지는 것으로, 장기적으로 직원 복리를 증진시키면 영업 이익 향상을 기대할 수 있다는 점을 부각시키면 될 겁니다.

key point

상위인지 향상 방법

· 다양한 내용을 압축하는 훈련
· 의지를 가지고 생활 속에서 실천
· 정확한 척도를 가지고 모니터 실시
· 다양한 상황에서 말하기 연습

PT 사전 준비 : 발표 불안증 극복

· 시뮬레이션 훈련
· 자기 합리화
· 상황 익히기
· 근육이완
· 가장 근본적인 것은 상위인지

PT 사전 준비 : 스토리텔링

구어체   이야기
억양 유창성   사례 구조

PT 사전 준비 : 아이디어 개발

자존감, 긍정적 정서 – 모방하기
– 틀 깨기(토포이 활용) – 아이디어

PT 사전 준비 : 청중 분석

· 이익 분석(미충족 가치 + 잠재 가치)
· 형태 분석(수, 연령, 성별, 경력)
· 특성 분석(이해 정도, 태도, 동기,
스타일, 의사결정권자)

PT 사전 준비 : 준비 로드맵

1단계 목적 파악
2단계 자료 조사
3단계 컨셉 & 아이디어
4단계 구성
5단계 인지
6단계 전달 & 평가

공신력

전문성 + 신뢰성 + 역동성

활용할 수 있는 이론

· 오피니언 리더를 공략하라(제한 효과론)
· 경쟁사의 이야기를 피하지 마라(접종 이론)
· 다수의 의견임을 부각시켜라(침묵의 나선 이론)
· 그들의 상식을 공격하라(인지 부조화)
· 이슈를 선점하고 촉발시켜라(의제 설정과 점화 이론)
· 사람에 따라 달리 접근하라(정교화 가능성 모델)
· 그들의 욕구를 이해하라(매슬로 욕구 체계 이론)

SECRET

—

우리는 지금까지 프레젠테이션의 개념을 새로 정립하여 새로운 시각을 가지게 되었습니다. 프레젠테이션이라는 종합예술을 잘하기 위해서는 무대를 장악하는 능력, 상위인지 능력이 그 무엇보다 중요하다는 것도 알았습니다. 또한 그 능력을 키우기 위해 알아야 하는 여러 가지 지식들을 살펴봤습니다. 이제는 보다 실질적인 부분을 알아보겠습니다.

프레젠테이션은 기획, 구성, 전달이라는 3가지 단계로 이루어져 있습니다. 그것을 2단계로 구분한다면 기획과 구성, 전달입니다. 기획 단계에서 구성까지 고민하고 구성을 하면서 새로운 기획을 할 수 있기 때문입니다. 상호 침투적이라고 할 수 있겠죠. 여기서는 기획과 구성을 하나로 묶어 5가지 원칙으로 압축 정리해보겠습니다.

제가 더욱 무게를 두는 것은 전달 부분입니다. 어떻게 하면 좋은 소리를 가질 수 있는지, 시나리오를 전할 때 리듬감을 가질 수 있는지, 또한 어떤 움직임이 역동적으로 보이는지 학문적, 실무적으로 접근해보겠습니다.

기획과 구성, 전달은 수레의 양 바퀴입니다. 서로 맞물려 있고 상호 의존적입니다. 한쪽 바퀴만 있다면 수레가 어떻게 될까요? 제자리에 멈추어 있겠죠? 우리는 그동안 기획과 구성에 너무 집중하여 정작 중요한 '전달'이라는 부분을 간과했습니다. 자 그럼 그 비밀을 알아볼까요?

1. 기획 · **구성의 비밀**

1원칙. 하나의 키워드로 압축하라 : **압축 · 요약의 원칙**

스티브 잡스의 프레젠테이션을 보면 간결한 수치가 자주 등장합니다. "1 Million", 이 슬라이드 하나로 iMAC이 얼마나 잘 팔렸고 지금 소개할 제품 역시 어떤 의미를 가졌는지 풀어냅니다. 프레젠테이션을 듣는 사람이 모두 집중하고 있는 것은 아닙니다. 말하는 사람은 다 중요한 내용이라고 생각하지만, 청중은 그렇게 생각하지 않죠. 그래서 요점 정리를 해주어야 합니다. 그리고 그것을 군데군데 배치시켜 인지하도록 만들어야 합니다. 스티브 잡스는 숫자 하나로 그동안의 성과를 설명하고 다음 상품도 기

대해도 좋다는 의미를 부여합니다. 기획에 있어 가장 중요한 키워드는 '압축' 입니다.

얼마 전 국가대표급 훈련원을 건설하는 프로젝트가 있었습니다. 의미도 있고 나름대로 큰 프로젝트였죠. 메이저 건설사들이 각자 컨소시엄을 구성하고 경쟁에 참여했습니다. 최종 두 업체가 프레젠테이션 심사를 거쳤는데, 상반되는 전략을 취했습니다. 한 업체는 '집중' 이라는 키워드들 선정하고 자신의 설계가 선수들이 집중해서 훈련할 수 있도록 건물을 배치했다는 점을 부각시켰습니다. 다른 업체는 자세하고 꼼꼼하게 자신의 설계 장점을 설명했습니다. 집중보다는 향후 가능성과 미관에 더 치중한 느낌이었습니다. 하지만 그 키워드가 내용에 녹아들지 못했고 부각되지 못했습니다.

원활한 훈련을 위한 '집중' 이라는 키워드는 큰 힘을 발휘했고 그 업체가 선정되었습니다. 미관을 강조한 업체가 '기능' 과 '가능성' 이라는 키워드를 선정하고 프레젠테이션을 했다면 어땠을까요? 최신 시설은 경기력 향상에 일조하고 미관을 고려한 설계는 관광객 유치로 또 다른 가능성을 열 수 있다는 점을 일관성 있게 주장했다면 다른 결과가 있었을 것으로 확신합니다.

상황과 주어진 프레젠테이션 시간에 따라 조금 차이가 있겠지만, '압축' 은 효과적인 방법이고 반드시 해야 합니다. 앞서 설명드린 의제 설정 작업이라고 할 수 있습니다. 빈번히 노출하고 강조함으로써 사람들은 그 내용을 가장 중요한 것으로 인식합니다. 청중이 생각하는 중요한 의제를 압축하는 것도 중요하지만 청중들이 잘 모르는 중요한 의제를 발굴하여 언급하는 것은 더욱 효과적입니다. 그러면 여러분의 전문성을 인정하고 사업을 맡기겠죠.

압축을 하기 위해서는 먼저 자료 조사가 선행되어야 합니다. 압축 작업은 내가 알고 있는 것을 단순 요약하는 것이 아니라 가급적 많은 자료를 조사해서 그 사업이 가진 생생함을 표현할 창조적 키워드를 찾는 작업이기 때문입니다. 자료를 조사할 때는 어떤 종류의 자료를 어떻게 구하고 기록해서, 어떻게 인용할 것인지 고민해야 합니다. 정보의 항목, 정보의 원천, 정보의 기록, 정보의 활용에 대한 고민입니다. 우선은 다양한 채널을 통해 자료를 많이 수집하는 것이 좋지만 잊지 말아야 할 것은 어떤 주제인지 큰 틀은 잡아두어야 한다는 점입니다. 자료 조사 시 주제에 대한 방향성은 항상 고민해야 합니다.

정보는 개인적 지식, 관찰, 취재(전문가, 현지 방문 등), 설문 조사, 문헌 자료, 인터넷 자료 등으로 구분할 수 있습니다. 그리고 자료를 조사할 때는 공개된 자료인지 아니면 공개되지는 않았지만 직접 취재한 자료인지 구분해야 합니다. 공개되지 않은 자료에 대해서는 얼마나 타당한지 검증을 해봐야 할 겁니다. 시간과 돈이 허락된다면 다양한 방법으로 자료를 구하는 것이 좋습니다. 일반적이고 포괄적인 자료를 먼저 조사한 후 세부적인 자료를 찾는 것이 효과적입니다. 또한 사실 진술(fact)인지 전문가 의견

(opinion)인지도 구분해야겠죠. 사실과 의견을 구분하지 못한다면 근거의 신뢰성에 심각한 문제가 생길 겁니다.

이렇게 자료를 조사했다면 이 자료를 새롭게 볼 시각이 필요합니다. 아이들은 누가 시키지 않아도 창조적이고 장난기가 심하며 실험적이죠. 실패를 두려워하지도 않습니다. 많은 자료 중 공통점을 발견하기 위해서는 조금은 엉뚱한 초심자의 마음이 필요합니다. 그리고 열린 마음과 치열함이 필요합니다. 저는 자료들을 벽에 붙이기도 하고, 화이트 보드에 다이어그램을 그리기도 하며, 운전하면서 수시로 생각하기도 합니다. 사람을 만나다가도 생각이 나면 메모를 하고요. 이런 과정을 통해 키워드를 창출하는 거죠. 압축은 창조의 작업이라는 것, 잊지 마시기 바랍니다.

이렇게 해보는 것도 좋습니다. 1단계로 정보들의 공통분모들을 적어봅니다. 단순히 정보들의 공통 단어, 출처, 느낌들을 A4용지에 적습니다. 2단계로 그 공통 단어들에 의미를 부여하는 겁니다. 한 줄의 서술형으로 적는 거죠. 모든 단어를 함의하는 의미를 부여하기는 녹록지 않습니다. 불필요한 단어가 있으면 삭제합니다. 3단계로 한 줄의 의미를 하나의 키워드로 압축하는 겁니다. '기능' '집중' '통합' '다양성' 이런 식으로 말이죠. 가급적 프레젠테이션을 통괄하는 하나의 단어를 창출하는 것이 좋습니다. 여의치 않다면 2개까지는 괜찮습니다.

이런 압축 작업은 프레젠테이션의 나침반을 만드는 작업으로 이것을 바탕으로 기획, 구성, 전달이 이루어지게 됩니다. 통일성은 사람을 설득하는 강력한 무기입니다. 많은 자료를 모으고 그것을 효과적으로 분류한 후 거기에다 의미를 부여하는 것이 바로 압축·요약의 원칙입니다.

2원칙. 짜임새 있게 구성하라 : **체계성·적시성의 원칙**

철수·영희·바둑이, 서론·본론·결론, 기획·구성·전달, 아빠·엄마·자녀, 아리스토텔레스의 3단 논법, 헤겔의 정반합…… 우리는 3이라는 숫자에 익숙하고 안정감을 느낍니다. 2는 뭔지 부족한 느낌이고 4는 왠지 산만한 느낌입니다. 3단 논법의 정형성과 안정성이 역사를 통해 검증되었고 우리 일상에 침착되어 있어 사람들이 3이라는 숫자를 선호하고 편하게 느끼는 것 같습니다.

체계성의 원칙도 3이라는 숫자와 밀접한 관계가 있습니다. 반드시 필연적으로 3으로 맞출 필요는 없지만 가급적 3으로 구성을 한다면 안정적인 논리 전개가 가능합니다. 더욱이 무대 위에서 자연스럽게 스토리텔링을 하기 위해선, 3가지의 요지가 효율적입니다. 또한 공신력에서 살펴봤듯이 사람들은 프레젠터가 기승전결 구성을 잘했을 때 똑똑한 사람으로 느낍니다. 키워드, 목표를 추출하였다면 그것에 기반하여 요지를 구성합니다. 그

도입 – 본론 – 결론
목표 – 개요 – 요지 1, 2, 3 – 요약 – 행동 촉구
상황 분석 – 문제 제기 – 해결 방안 – 미래 전망

것도 3가지로 정리하면 좋겠죠.

통상적으로는 도입, 본론, 결론으로 큰 그림을 잡을 수 있을 겁니다. 도입부에서는 간단한 자기 소개와 배경, 로드맵, one page proposal을 설명합니다. 소개는 프레젠터의 공신력을 확보하는 중요한 장치입니다. 이 문제에 대해 어떤 관심과 경력을 가지고 어떻게 준비해왔는지 사람들에게 인지시키는 겁니다. 앞부분이 강력한 비주얼로 시작한다면 소개를 뒤로 미루어도 되겠죠. 반드시 앞에 위치하는 것은 아닙니다. 소개는 자기를 단순히 알리는 형식적인 것이 아니라 사람들에게 프레젠터를 각인시키는 중요한 단계입니다. 그러나 너무 지나치면 역효과를 내겠죠.

배경은 이 주제의 필요성과 의미를 부여하는 겁니다. 이 사업의 추진 과정과 이 프레젠테이션이 어떤 의미를 가지고 있는지 설명하는 단계입니다. 중요한 것은 이 배경이 너무 길어지면 안 된다는 점입니다. 슬라이드 한 장 정도면 충분합니다. 사전 지식이 없는 생소한 청중을 위한 배려라고 생각하시면 됩니다.

로드맵은 앞으로 어떤 단계로 이야기를 전개할지 설명하는 겁니다. 저는 개인적으로 선호하지는 않습니다. 사람들에게 미리 예측하도록 하는 것보다 차라리 그 시간에 한 번이라도 설득을 더 하는 것이 효과적이라 생각하기 때문입니다. 하지만 강의나 시간이 긴 프레젠테이션에서는 필요한 부분입니다.

one page proposal은 프레젠테이션의 최종 결론을 한 장으로 보여주는 겁니다. 통상 결론에 나오지만 저는 앞부분에 배치시키는 것을 선호합니다. 뒤에 반복·자극의 원칙에서 자세히 설명드리겠습니다.

사람들은 자기가 듣고 싶은 것만 듣는 선택적 지각을 합니다. 따라서 들을 수 있도록 만들어야 합니다. 그러기 위해서는 좋은 이미지를 처음부터 가지도록 만드는 것이 중요합니다. 첫인상에 따라 초두 효과나 부정성 효과가 나타날 수 있기 때문입니다. 준비가 안 된 듯한 옷차림과 성의 없는 말투로 이야기를 시작하면 부정성 효과가 작동합니다. 신뢰감은 떨어지고 그 사람이 아무리 좋은 이야기를 하더라도 집중하기 위해서는 많은 시간이 소요됩니다. 따라서 처음에 어떻게 이야기를 시작하는지가 중요합니다. 적시성이란 앞부분과 끝부분을 강조하는 것을 말합니다.

프레젠테이션의 도입에서 가장 중요한 것은 주변 환기입니다. 관심 있는 청중이든 그렇지 못한 청중이든 프레젠테이션의 세계에 빠져들도록 유혹해야 합니다. 어떠한 방법이든지 사람들이 집중하도록 만드는 겁니다. 그럼 어떻게 시작하면 좋을까요?

＃ 시의성 있는 이야기

지금 사회에서나 그 회사에서 가장 관심 있어 하는 주제로 이야기를 시작하는 방법입니다. 관심 있는 주제를 언급하면 사람들은 왜 그 이야기를 하는지 궁금해하고 집중하게 됩니다. 프레젠터는 시사적 내용과 주제의 연결고리를 잘 만들어야 합니다. 모 광고회사의 PT를 컨설팅 할 때의 일입니다. 프레젠터는 어제 방영된 드라마의 한 장면을 언급하면서 이야기를 시작했습니다. 바로 어제였죠. 인기 드라마였기 때문에 거기 앉아 있던 모든 사람들이 알고 있었고 그의 PT에 집중하게 되었습니다.

＃ 질문

질문을 한다는 것은 청중의 참여를 유도하는 좋은 방법입니다. 그런데 생각해보십시오. 질문을 해봤다면 아시겠지만 사람들이 처음부터 대답을 잘 하던가요? 그렇지 않습니다. 뒷부분으로 갈수록 사람들은 마음을 열고 대답을 하지만, 처음부터 반응을 보이지는 않습니다. 따라서 질문도 전략적으로 해야 합니다.

질문도 두 종류입니다. 정말 대답을 바라고 하는 질문과 주변 환기를 위한 수사학적 질문이 있습니다. '00 문제에 대해 여러분 알고 계십니까?'라고 말한 후 약간의 포즈를 둔 뒤 "많은 분들이 모르실 겁니다. 문제는 여기에 있습니다. 이 문제를 모르는 것은 직원 간 소통이 되지 않고 있다는 반증입니다"라고 말하면 사람들은 새로운 자극을 받게 됩니다. 질문이 꼭 대답을 바라고 하는 것은 아닙니다. 이런 수사적 질문이 도입부에서는 더 효과적입니다.

＃ 일화나 사례

사람들은 보통 이야기에 열광하고 집중합니다. 프레젠테이션에서도 마찬가지입니다. 많은 말과 논리보다 사례를 이야기하면서 사람들을 집중시킬 수 있습니다. 중요한 것은 주제와의 연관성과 영향력입니다. 뜬금없는 이야기도 문제이지만 임팩트가 없는 뻔한 이야기도 문제이겠죠.

유머

가장 효과적인 방법이지만 하기가 가장 힘든 방법입니다. 유머는 약이 될 수도 독이 될 수도 있죠. 자기는 웃기다고 생각하지만 청중은 그렇지 않은 경우가 대부분입니다. 이것은 소위 '무덤을 파는 행위'이죠. 전문 강사들은 유머 구사 능력이 뛰어납니다. 방송에서 일회성 특강을 하는 사람들을 보면 연기 감각과 유머가 탁월하죠. 내용은 빈약하지만 유머 하나로 사람들을 녹여버립니다.

인용

주로 교회 설교에서 많이 사용하는 방법이죠. 전문가의 말이나 명언, 명구 등을 인용하는 겁니다. 사례와 마찬가지로 주제와의 연관성이 필요하고 말한 사람의 공신력 역시 필요합니다.

새로운 사실

그동안 상식이라고 믿었던 것을 뒤엎을 수 있는 통계나 사실을 언급하는 겁니다. 인지 부조화를 적극 활용하는 방법으로 효과적입니다.

앞으로 다가올 미래에 대해 전망해보는 방법도 효과적입니다. 사회의 변화에 대해 언급하고 그런 변화 속에서 우리는 어떻게 대처해야 되는지 말하는 겁니다. 거시적 차원을 언급하고 이야기를 좁혀가면서 주제에 대한 이야기로 연결하는 구조입니다.

본론에서는 하고 싶은 주제를 3가지 키워드로 정리하는 것이 좋습니다. 키워드 1, 2, 3으로 정리하고 그것의 하위 개념들을 배치시키면 짜임새가 있습니다. 하위 개념은 상위 개념, 키워드에 종속적이어야 하고 키워드를 지지하는 각종 근거와 사례들을 배치시키면 됩니다. 내용과 상황에 따라 달라지겠지만 예, 비교, 인용, 연구 결과, 언론 보도, 시청각 자료 등을 배치시켜서 핵심 주제나 키워드를 부각시키면 효과적입니다. 만약 본론 설명 시간이 오래 걸린다면 키워드 2에서 3으로 넘어가는 시점에 로드맵을 다시 한 번 보여주는 것도 좋습니다.

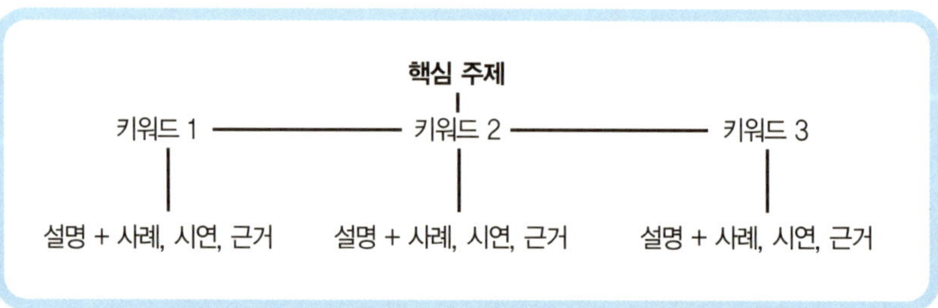

내용의 흐름상 본론의 구조가 꼭 3가지 키워드로 정리되지 못하는 경우
도 많습니다. 때로는 이야기 흐름에 따라 구조를 선택할 수 있습니다. 다
음은 본론에서 활용할 수 있는 구조들입니다. 이런 구조들은 프레젠테이
션의 성격과 특징에 따라 적용하면 됩니다.

모듈 구조

서로 순서를 바꿀 수 있는 단위들로 구조를 짜는 겁니다. 각각의 논의가
연관성이 없는 것들로, 소재의 일정한 나열입니다. 상황에 따라 몇 가지는
생략이 가능합니다. 융통성이 있어 시간에 따라 생략이 가능하다는 장점
이 있지만 항목 간의 논리적 연결성이 떨어지기 때문에 청중의 집중도 역
시 떨어진다고 할 수 있습니다. 기업체 재정 관련 프레젠테이션에서 주로
사용합니다. 연, 분기, 월, 사업별 재정 상태 등을 필요에 따라 배치하는
겁니다.

토픽(topic) 구조

소재별로 나열한다는 점에서는 모듈 구조와 유사하지만 순서를 바꿀 수
없다는 점에서 차별적입니다. 프레젠테이션에서 많이 사용하는 방법이죠.
추진 배경을 설명하고 그에 따른 사업 추진 상황 및 결과 순으로 나열하는
겁니다.

문제 – 해결 구조

가지고 있는 문제점을 지적하고 그 문제점을 해결하기 위한 방안들을 차례대로 제시하는 방법입니다. 컨설팅 관련 프레젠테이션에서 많이 사용합니다. 예를 들어 스피치의 문제점들을 나열하고 해결하는 방식이죠. 발표 불안증의 문제, 목소리의 문제 등을 제기하고 해결책을 제시하는 구조입니다.

시간 구조

연대기적으로 과거, 현재, 미래 순으로 사업을 설명하는 방법입니다. 추이를 잘 보여주며 향후 어떤 변화가 가능한지를 효과적으로 설명할 수 있는 구조입니다. 예를 들어 회사의 합병 과정, 사건의 진행, 사업의 추진 상황 등을 시간대별로 보여주는 방법입니다.

공간 구조

지역별, 장소별로 접근하는 방법입니다. 지역별 비교에 용이해서 청중들이 쉽게 이해할 수 있습니다. 특히 지도를 통해 설명을 하면 직관적으로 쉽게 이해시킬 수 있습니다. 유통망을 강조하거나 지리적 입지를 강조할 때 좋습니다.

특징 – 혜택, 기회 – 수단 구조

기본적인 구조는 '문제 – 해결 구조'와 동일합니다. 이 제안의 특징을 설명하고 그에 따른 혜택을 부각시킵니다. 혹은 이 제안이 어떤 기회를 가지는지 그리고 그것은 어떤 방법으로 달성이 가능한지 설명하는 방법입니다. 청중들의 니즈(needs)와 이익에 집중할 수 있는 방식입니다. 이것을 선택하면 어떤 이득이 있는지를 설명하는 겁니다.

＃ 사례 제시 구조

자신의 주장을 관철시키기 위해 여러 가지 사례를 제시하는 방법입니다. 이런 스토리텔링을 통해 청중들은 직·간접적으로 프레젠터의 주장을 받아들이게 됩니다. 사례 제시도 전체를 이야기로 꾸미는 방법과 부분 사례 방식이 있습니다. 전체 사례 방식은 전체가 이야기의 흐름처럼 기승전결을 가지는 것으로, '사례(이야기 제시) – 문제 제기(주변 환기) – 대안 제시 – 사례(이야기 제시)' 구조를 가지는 경우가 많습니다. 오바마가 주로 사용하는 방법입니다. 부분 사례는 많이 사용하는 방법으로 주장을 뒷받침하기 위해 이용됩니다. 3가지 주장을 할 때 각각의 주장 후 사례를 제시함으로써 주장을 극대화시키는 방법입니다.

＃ 수사학적 구조

청중들이 궁금해하는 사안들에 대해 질문하고 그에 따른 대답을 하는 구조입니다. 청중을 심리적, 직접적으로 참여하게 함으로써 상호작용 효과를 극대화시키는 방법입니다.

인과적 구조

원인과 결과를 각각 제시하며 이야기를 꾸며가는 구조입니다. 어떤 문제의 원인을 심층적으로 파악할 수 있습니다.

단계적 구조

피라미드 방식처럼 계층화를 시키는 방식입니다. 어떤 사업을 완성하기 위해 각 단계별 공정을 시각적으로 보여주는 방식입니다. 이 책을 단계적 구조로 설명하면 우선 개념 정리의 1단계를 거쳐, 프레젠테이션 지식을 알아보는 2단계, 원칙의 비밀을 알아보는 3단계, 마지막 적용의 4단계로 완성이 됩니다.

정리하자면, 본론에서는 가급적 요지를 단순화시키고 그 요지를 강화하는 다양한 하위 개념들을 배치시키는 것이 중요합니다. 또한 다양한 이야기 구조를 활용해서 설득의 효과를 극대화시켜야 합니다.

마무리도 중요합니다. 딴짓을 하고 있다가도 이야기 말미에는 예의상 화자의 이야기를 듣고자 하는 것이 인지상정입니다. 그리고 마무리에 새로운 고지나 정보가 있다는 것을 사람들은 체험적으로 알고 있습니다. 그래서 매력적으로 마무리하면 청중들은 깊은 인상을 받고 본인이 노력해서

못 들은 정보를 찾게 됩니다. 그리고 앞선 내용이 더욱 궁금해지게 되죠.

결론은 요약, 행동 촉구, 마무리 등으로 구성됩니다. 요약은 앞서 주장한 내용을 다시 전해주는 것인데 단순한 동어 반복은 그리 효과가 없습니다. 그것보다는 새롭게 정의(definition)를 해보는 것은 어떨까요? 정의는 사전적 정의와 의미적 정의가 있습니다. 의미적 정의는 어떤 사안에 대해 자신의 시각으로 의미를 부여하는 것을 말합니다. 예를 들어 스피치에 대한 프레젠테이션을 했다면 결론에서 이렇게 요약을 해보는 겁니다. "스피치는 스키와 닮았습니다. 전문가의 코치를 받고 훈련할 때만 효과가 있다는 거죠……." 이런 식으로 의미 부여를 하고 요약하면 사람들은 프레젠터의 능력을 신뢰하고 상상하게 됩니다.

행동 촉구는 구체성을 말합니다. 청중들이 어떻게 행동해야 하는지 친절히 설명해주는 거죠. 물건을 구매하라든지, 이 제안서를 채택해달라든지, 신중히 다시 고려해보라든지, 행동의 구체성을 적시해주는 겁니다. 그리고 전체 프레젠테이션을 마무리하는 끝인사를 하면 됩니다.

결론은 한마디로 프레젠테이션의 이미지를 각인시키는 것이 가장 중요합니다. 철저한 연출이 필수입니다. 한 편의 공연처럼 치밀하게 준비해야 합니다. 최근 CEO들의 스피치 특강이 많이 있습니다. CEO가 가장 고민하는 것은 즉흥 스피치 대처 요령입니다. 워낙 다양한 곳에서 다양한 행사에 참석하다 보니 즉흥적인 스피치를 많이 요구받는다고 합니다. 가장 근본적 해결 방법은 상위인지 향상을 위한 체계적인 훈련입니다만 그것이 단기간에 이루어지는 것은 아니죠.

몇 가지 팁을 드리는데 그 중에 하나가 어디 가서도 쓸 수 있는, 자기와 회사 소개 멘트, 명언·덕담 등을 준비하라는 겁니다. 이런 것들을 준비하여 암기하고 있으면 바로 적용할 수 있습니다. 결론에서도 명언이나 자신만의 멋진 정의, 말들을 준비해야 합니다. 전달함에 있어 멋진 표정과 역동적인 제스처도 동반되어야겠죠.

제가 쓰는 결론은 사례와 명언입니다. 역사적 인물 중 스피치 달인이 누구인지 수사학적으로 묻고 대답합니다. 예수와 히틀러라고 하면 사람들은 의아해하며 그동안 들은 강의 내용을 상기합니다. 그러면 저는 그에 대한 설명을 하고 끝으로 아리스토텔레스의 설득 3원칙을 전하며 이야기를 마칩니다. 3원칙의 마지막은 진정성으로, 제 프레젠테이션의 진정성이 여러분에게 전달되었기를 바란다는 점을 강조합니다. 그리고 제 캐릭터에 이메일과 책을 홍보합니다. 여러분도 여러분만의 도입과 결론을 꾸며보시기 바랍니다.

체계성의 원리는 짜임새가 있어야 된다는 것을 말합니다. 대전제는 전달의 효과입니다. 어떻게 접근하는 것이 가장 효과적인지 고민해야 합니다. 효과적 전달을 위해서는 어떠한 방법도 좋습니다. 하지만 몇 가지 고려를 해야 합니다. 우선 듣는 사람의 성향입니다. 앞에서 살펴본 것처럼 청중의 선호에 따라 사례 중심으로 갈지, 분석적 근거 위주로 갈지 판단해야 합니다. 또한 주제의 성격도 중요한 판단 근거겠죠. 제안된 시간과 형식, 그리고 본인이 어떤 구성을 가장 잘 소화할 수 있는지 판단해서 체계적인 구성을 해야 합니다. 앞에서 설명드린 구조는 하나의 제안일 뿐 반드시 지켜야 할 원칙은 아닙니다. 참고사항일 뿐 정형화해서는 안 되겠죠. 가장 기본적인 구성의 로드맵을 제시하니 참고하시기 바랍니다.

초반 공략(주변 환기) – 공신력 확보 – 청중의 이익 강조

one page proposal – 본론의 흐름 구조(10가지 혼용)

키워드 – 근거, 사례 등

핵심 내용 요약 – 행동 촉구 – 이미지 부각

3원칙. 다양하고 구체적인 근거를 제시하라 : 논리성의 원칙

프레젠테이션의 가장 이상적인 접근 방법은 '감성 – 이성 – 감성' 입니다. 이것은 학문적으로도 타당하고 스티브 잡스의 사례에서 보듯이 실무적으로도 유용합니다. 감성적인 도입과 결론이 중요한 것은 사람들이 집중하여 듣도록 하기 위해서입니다. 그런데 프레젠테이션이 모두 감성적으로만 접근한다면 어떨까요? 알맹이가 없는 공허한 프레젠테이션이 되겠죠. 공갈빵을 아십니까? 커다란 빵처럼 보이지만 겉만 번지르르할 뿐 한 입 물면 그 안은 텅 비어 있습니다. 프레젠테이션의 달인들을 보면 논리 역시 탄탄합니다. 그만큼 근거를 가진 이야기라는 거죠.

가장 기본적인 논거는 3단 논법입니다. 가장 보편적이며 역사적으로도

검증이 된 논리 체계이죠.

각 단계마다 연결고리가 있으며 사람들은 그 흐름에 따라 최종 결론을 받아들이죠. 생략 3단 논법은 앞선 전제를 생략하는 것을 말합니다. '모든 동물은 죽는다'는 것은 당연한 전제로 그것을 생략하고 2가지 논지만 가지고 주장하는 겁니다. 프레젠테이션을 할 때도 논리적 흐름이 얼마나 근거 있는지 고민해야 합니다.

토울민(Toulmin)의 논리 체계도 우리에게 많은 도움을 줍니다. 이성적 주장을 할 때 많이 쓰이는 체계입니다. 다음 내용을 보시죠.

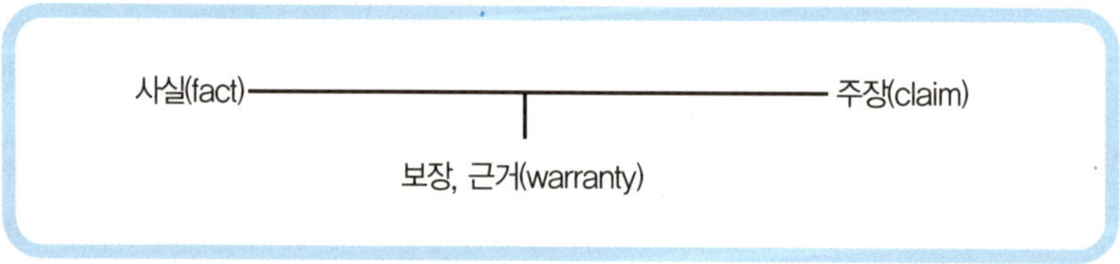

사실 : 제품 a는 저렴하다.
주장 : 제품 a는 가장 좋은 제품이다.

138

"제품 a는 가장 좋은 제품이다" 라는 주장을 하기 위해서는 어떤 근거가 필요할까요? 다시 말해 사실과 주장을 연결하는 근거는 무엇일까요? 조금만 고민하면 알 수 있습니다. 우리가 고민하지 않고 말하기 때문에 문제인 거죠. 이 근거를 슬라이드에 배치시키고 강조한다면 설득은 배가됩니다. 보장, 근거는 "저렴한 제품이 가장 좋은 제품이라는 것"이겠죠. 이 근거가 있다면 주장은 더 명확해집니다. 조금 더 들어가 볼까요?

근거에는 여러 가지가 있습니다. 언론 보도, 통계, 권위, 경험, 가치관 등입니다. 근거가 명확하고 타당해야 함은 물론입니다. 미디어의 보도는 사람들에게 많은 신뢰를 주죠. 이야기를 할 때 "어디서 들은 거야"라고 말하는 것과 어떤 매체에서 언제 보도가 됐는지 구체적으로 적시하는 것은 그 신뢰도에서 크게 차이가 납니다. 주변에서 논리적이라고 평가받는 사람들을 관찰해보면 내용이 구체적입니다. 공신력 있는 매체를 구체적으로 언급해야 효과가 있습니다.

통계 자료 역시 훌륭한 근거입니다. 뉴스를 보면 통계 자료를 사용할 때 조사기관과 표본오차를 언급하죠. 이것 역시 자료의 공신력을 확보하기 위한 방안입니다. 여러분도 통계를 사용할 때 조사기관과 범위를 언급하시기 바랍니다. 의외로 터무니없는 통계, 한마디로 밑도 끝도 없는 통계를 자의적으로 언급하는 경우가 있는데 전체적으로 보면 신뢰감에 문제가 생깁니다. 질의 시간에 청중이 문제 제기라도 한다면 전체 분위기를 망치게 됩니다.

권위는 전문가의 말을 통해 힘을 얻는 방법입니다. 관련 분야의 전문가가 말한 내용은 설득력을 가집니다.

경험은 상당히 주관적인 것으로, 다른 근거에 비해 설득력은 떨어집니다. 하지만 다른 사람이 경험하지 못한 특이한 경험이라고 한다면 이야기는 달라지겠죠. 직접 해본 결과 이런 결과가 도출되었다는 것을 증명한다면 효과적입니다.

끝으로 가치관은 상식과 연결되어 있어야 합니다. 많은 사람들이 동의하는 가치관일 때 설득력이 있습니다. 특정 집단이나 내가 가진 가치관을 일반화하면 다른 사람들은 동의하지 않을 겁니다. 이런 근거들을 구체적이고 짜임새 있게 사용하십시오. 이런 언급은 프레젠터의 공신력을 향상시키고 궁극적으로 프레젠테이션의 효과를 극대화시키는 지름길입니다.

저는 다음과 같은 근거 제시표를 작성할 것을 제안합니다.

단계	내용 1차원	근거 2차원	방법 3차원
도입	스피치 중요성	통계 자료	슬라이드 표(그래프)
본론			

1차적으로 주장하고자 하는 내용을 적고, 그것을 지지하는 근거를 2차적으로 적는 겁니다. 그리고 3차적으로 어떤 방법으로 근거를 제시할 것인지 방법을 적는 것이죠. 3차적 방법도 조화롭게 배치시킨다면 설득에 많은 도움이 될 겁니다. 즉 어떤 근거인가에 따라 말로, 사진으로, 슬라이드로

구분해서 접근하는 겁니다.

4원칙. 주목받게 연출하라 : **반복·자극의 원칙**

히틀러와 마틴 루터 킹, 버락 오바마의 공통점은 무엇일까요? 그렇습니다. 반복 기법을 사용했다는 점입니다. 단순 반복이 아닌 압축된 키워드를 반복했습니다. 히틀러는 게르만 민족의 우수성을, 마틴 루터 킹은 통합의 꿈을, 오바마는 변화를 반복합니다. 키워드는 목표이고 나머지 내용은 그 목표를 향해 정렬해 있습니다.

반복은 화자 중심의 것이 아닙니다. 설마 화자가 편하기 위해서 반복한다고 생각하시는 것은 아니겠죠? 반복하기 위해서는 치밀한 기획과 시나리오가 있어야 합니다. 각 사례와 논거들이 핵심 키워드와 상관성을 가져야 하기 때문입니다. 이야기하고 싶은 것의 중요한 것만 반복해 언급하면 사람들은 인지하고 점화 효과를 일으키게 됩니다. 촉발된다는 거죠. 따라서 반복의 원칙이 효과를 보기 위해서는 키워드 압축이 얼마나 잘 되었는가가 중요합니다.

또한 반복을 하면 운율이 생깁니다. 마틴 루터 킹이나 오바마의 연설을 들어보십시오. 노래 같다는 느낌이 드실 겁니다. 처음에는 부드럽게 시작했다가 점점 더 강해지죠. 사람들은 더 강렬한 인상을 받습니다. 큰 히트를 친 대중가요를 보면 일정한 운율의 반복이 많습니다. 그래야지만 사람들이 쉽게 몰입하고 더 오래 기억합니다. 그동안의 명연설들도 반복 기법을 사용하였습니다.

강렬한 노출은 기억을 낳고 강한 이미지를 형성합니다. 혐오감, 비호감보다 더 굴욕스러운 것은 존재감이 없다는 표현입니다. 최근에 주목받는 연예인들을 보더라도 비호감이 결국에 뜬다는 것을 알 수 있으실 겁니다. 갈라지는 목소리, 부담스러운 외모, 호통치는 캐릭터가 요즘엔 주목을 받습니다.

자극의 원칙 특징은 차별성입니다. 잘생긴 외모를 가진 연예인이 수술 부작용이니 저주받은 하체라는 표현을 쓰며 자기를 비하하면 사람들은 색다른 쾌감과 자극을 받고 그 사람을 기억합니다. 그리고 다음에 나오면 유심히 관찰하게 되는 것이죠. 물론 공식적인 프레젠테이션에서 통상적인 틀과 미풍양속을 깨는 자극은 금물입니다. 하지만 존재감이 없는 것보다는 낫습니다. 스티브 잡스는 윈튼 마셜리스의 공연으로 클로징을 함으로써 다른 프레젠테이션과 격이 다른 차별성을 보여줬습니다.

사람들의 주목을 받기 위해서는 어떻게 해야 할까요? 대원칙은 차별성입니다. 다른 사람이 가지고 있지 못한 그 무엇인가를 준비해야 합니다. 조금 더 구체적으로 살펴보죠. 우선 정보의 희소성을 강조해야 합니다. 이 정보가 얼마나 드문 것이고 접근하기 어려운 것인지 강조하면 사람들은 주목할 겁니다. 또한 정보의 영향력을 강조합니다. 이것이 어떤 파급 효과를 가지고 있으며 당신의 생활과 직장을 어떻게 바꿀 수 있는지 설명하면 효과가 큽니다. 마지막으로 정보의 현실성입니다. 프레젠테이션이 미래를 상상하는 작업이라고 해서 뜬구름을 잡는 허무맹랑한 것은 아닙니다. 현실적인 계획이라는 사다리를 통해 충분히 도달 가능한 목표임을 증명해야 합니다. 즉 어떤 이익과 효과가 있는지, 차별적 우월성은 무엇인지 알려주는 것이 중요합니다.

그런 점에서 one page proposal은 효과적인 반복과 자극의 원칙입니다. 앞서 체계성의 원칙에서 '도입 – 본론 – 결론' 순의 3단계 구성법을 제시했지만 약간의 변형을 하자면 '핵심 – 도입 – 본론 – 결론' 순의 방법이 있습니다. 핵심이라 함은 전체 프레젠테이션을 아우르는 한 장의 슬라이드를 말합니다. 일명 '대통령 보고서' 라는 표현을 쓰죠. 조직이 크면 클수록 조직의 장은 수많은 보고를 받게 됩니다. 그때의 차별성은 모든 내용을 정리한 한 장의 보고서입니다. 시간을 단축하고 핵심 요지만 보여주는 형식이죠.

one page proposal은 한 장에다 전체 프레젠테이션의 핵심을 담아내는 작업입니다. 그리고 이 내용을 프레젠테이션 전반에 걸쳐 반복하고 강조하는 겁니다. 이것이 바로 반복 자극의 원칙을 효과적으로 사용하는 방법입니다. 그럼 구체적으로 청중에게 자극을 줄 수 있는 방법은 어떤 것이 있는지 살펴보겠습니다.

동영상

〈버티칼 리미트〉라는 영화를 보면 선택의 순간이 나옵니다. 등반 연습 중 맨 앞에 있던 아버지가 발을 헛디뎌 낭떠러지로 추락하는데, 힘 없는 로프가 아들과 딸, 아버지 순으로 지탱합니다. 아들과 딸이 살기 위해서는 로프를 잘라야 합니다. 아버지는 로프를 자르라고 말하지만 자녀들은 주저합니다. 이 동영상을 보여주고 프레젠터가 물어봅니다. 여러분은 어떻게 하시겠습니까? 강렬한 인상을 받았던 프레젠테이션이었습니다. 적절한 동영상은 큰 자극이 됩니다.

무대 움직임

비언어적 부분에서 자세히 언급하겠지만 무대 전체를 장악하고 움직이는 것은 역동성을 배가시킵니다. 보통의 프레젠테이션은 슬라이드 중심으로 진행이 되죠. 프레젠터는 낭독자에 불과합니다. 그런데 설명을 하며 무대 중앙으로 나가보십시오. 청중에게 큰 자극이 됩니다. 그러기 위해서는 스토리텔링이 가능한 내면화된 준비가 반드시 필요합니다.

슬라이드

텍스트가 아닌 비주얼 자료가 훨씬 효과적입니다. 때로는 사람들에게 다시 한 번 생각을 정리하는 슬라이드 배치가 좋습니다. 핵심 요지에 대한 설명을 하고, 중간에 핵심 요지를 잘 보여주는 멋진 시각 자료를 배치시킨 다면 사람들은 그것을 보며 다시 집중하게 됩니다.

사물

스티브 잡스는 슬라이드 화면으로 트럼프의 크기를 보여준 후 화면 전환 시 자기 손에 들린 아이팟을 보여줬습니다. 효과는 배가됐죠. 직접 물건이나 사물을 보여주고 실연해보는 것은 자극을 주는 데 아주 효과적입니다. 스티브 잡스는 매 프레젠테이션마다 기기의 다양한 기능을 직접 시연해 보이면서 사람의 관심을 집중시킵니다.

실내 조명

여건이 허락되면 조명의 밝기를 조절함으로써 자극을 줄 수 있습니다. 중요한 부분을 밝게 하든지 어둡게 함으로써 집중을 유도하는 방법입니다.

음성적 변화

훌륭한 프레젠터는 음성적 변화만으로 자극을 줍니다. 한마디로 완급 조절이죠. 리듬, 포즈, 크기, 빠르기 등을 자유자재로 운용함으로 사람들이 집중하도록 유도합니다. 내레이션 프로그램에서 전문 성우의 목소리는 그것만으로 연기이죠. '전달의 비밀'에서 자세히 설명드리겠습니다.

유머

프레젠테이션 시 실소가 아닌 큰 웃음이 나온다면 절반은 성공했다고 봐도 무방합니다. 웃는다는 것은 청중의 적극적인 반응입니다. 그리고 그것은 프레젠터의 호감도를 증진시킵니다. 그러나 중요한 것은 유머 뒤에 나오는 진지한 콘텐츠입니다. 단지 웃고 끝나는 프레젠테이션은 공허합니다. 그런 것은 일회성 특강에서만 유효하겠죠. 또한 이 유머 소구를 잘못 사용하면 독이 되기도 합니다.

질문

청중을 참여시키는 상호작용적 방법은 아주 효과적입니다. 강의나 프레젠테이션 시 화자가 질문을 던지면 청중들은 긴장을 합니다. 나에게 질문을 던지면 어쩌나, 부장님은 어떻게 대답하실까, 왜 물어봤을까 등 상황에 따라 받아들이는 의미는 다릅니다. 이런 상호작용적 방법은 전제가 있습니다. 우선 완벽한 시나리오가 구축되어 있어야 합니다. 시스코사의 존 체임버스 회장은 발표 자료에 어느 시점에 어느 쪽 사람에게 질문을 할지 미리 적어놓습니다. 상당히 계산적이고 목적성이 있는 것이죠.

다음으로는 프레젠터의 능력이 전제되어야 합니다. 발표의 키가 청중에게 넘어간 상태입니다. 예상했던 답이 나오면 좋겠지만, 엉뚱하거나 프레젠테이션 전체를 흔드는 답이 나왔다면 어찌될까요? 또 아무도 대답을 하지 않는다면 더 난감할 겁니다. 프레젠터가 질문의 목적성, 타이밍을 정확히 하고 운영할 수 있는 능력이 필요합니다. 여러 가지 어려움이 있음에도 불구하고 질문은 아주 효과적인 자극입니다. 상호작용적 방법을 통해 청중을 동참시키면 그 어떤 것보다 관심을 증폭시킬 수 있습니다.

5원칙. 간결하게 구성하라 : **간결성의 원칙**

"간결할수록 효과적이다." 20세기 최고의 건축가이자 미니멀리즘의 아버지라 불리는 루트비히 미스 반데어로에의 말입니다. 이런 말을 차치하더라도 우리는 주변에서 좋은 프레젠테이션과 나쁜 프레젠테이션을 이야기할 때 슬라이드의 간결성을 기준으로 삼습니다. 단지 우리가 그것을 실천하지 못하기 때문에 문제이죠.

간결성의 원칙은 슬라이드 구성의 대원칙입니다. 간결성을 이해하기 위해서는 역할 분담을 이해해야 합니다. 프레젠테이션의 주인공은 슬라이드가 아니라 프레젠터입니다. 슬라이드는 이 프레젠터를 도와주는 보조자 역할을 할 뿐입니다. 그런데 우리는 어떻습니까? 텍스트로 가득 찬 슬라이드를 읽기에 급급하죠. 아니면 슬라이드 완성이 프레젠테이션의 완성이라고 착각하지는 않는지요. 설득은 복합적인 기제로 궁극적으로는 사람에 의해 이루어지는 겁니다. 슬라이드는 프레젠터가 의미를 부여하고 설명할 때 설득 도구로서 그 역할을 하는 겁니다. 최근 슬라이드 구성 기술은 매우 발전했습니다. 그래서인지 다양한 비주얼 효과를 많이 사용하죠. 화려하고 멋지도록……. 하지만 그렇게 꾸밀수록 프레젠터의 역할은 축소되고 설득 기능은 떨어집니다. KISS(Keep It Simple and Short)는 우리가 꼭 기억해야 할 원칙입니다.

슬라이드 구성을 효과적으로 하기 위해서는 지각 심리학도 인식할 필요가 있습니다. 우리가 신문을 볼 때 맨 먼저 어디에서부터 읽게 되나요? 그렇죠. 왼쪽에서 오른쪽으로 그리고 위에서 아래로 읽게 되어 있습니다. 이것은 생득적인 것이 아니라 학습의 결과죠. 따라서 슬라이드를 구성할 때도 왼쪽에서 오른쪽으로, 위에서 아래로 자연스럽게 흘러가도록 텍스트와 비주얼을 배치해야 합니다.

간결성이라 함은 이렇게 자연스럽게 읽었을 때 다시 볼 필요가 없을 정도로 빠르게 파악돼야 함을 뜻합니다. 청중이 오른쪽 아래까지 보고 다시 위로 간다는 것은 텍스트가 너무 많아 소화하기 어렵다는 신호입니다. 따라서 콘텐츠는 키워드 한 줄로, 핵심 명사만 통일된 명사형으로 사용하는 것이 좋습니다.

슬라이드 구성 시 고려해야 할 몇 가지 점들을 말씀드리죠.

우선 전체적인 통일성이 중요합니다. 서체를 여러 가지 사용하면 산만

성공 스피치를 위한 6가지 비밀
세 번째, 입을 다물고 귀를 열어라.

듣기의 방해 요인

1. 비교하기
2. 사전 연습
3. 선택적 듣기
4. 선입관
5. 언쟁하기
6. 주제 이탈

듣기의 방법

1. 분석적 듣기

2. 공감적 듣기

3. 대화적 듣기

해 보이고 통일성을 해치게 됩니다. 2, 3가지 서체를 선택하여 활용하는 것이 좋습니다. 색 역시도 장식이 아니라 목적이라는 것을 이해해야 합니다. 화려함을 위해 의미 없이 추가하는 것이 아니라 강조하고자 하는 텍스트를 돋보이게 하기 위한 목적입니다. 통일성을 위해서 회사 로고나 자신의 캐릭터를 삽입하는 것도 좋은 방법입니다.

그림 우위 효과를 이용하십시오. 통계 자료나 수치는 유인물이면 충분합니다. 그것을 보여주는 한 장의 사진이 더 효과적입니다. 그리고 프레젠터가 그 그림의 의미를 설명하면 되는 것이죠. 특히 새로운 개념이나 강조점은 시각 자료를 적극 활용하시기 바랍니다.

텍스트는 간결하고 함축적이어야 합니다. 한 줄을 넘는 설명은 시각적으로 좋아 보이지 않습니다. 하위 항목도 간결하게 구성하여 짜임새를 보여주어야 합니다. 단어 잘림이나 잘못된 종결어미, 문장부호는 당연히 피해야 합니다.

불필요한 특수 효과를 지양해야 합니다. 처음 파워포인트를 만들 때 음향 효과가 신기했습니다. 특히 타자기 소리는 인상 깊었죠. 그래서 아주 많이 사용했습니다. 슬라이드를 완성하고 강의를 하는데 그 뻘쭘함이란……. 조악한 클립아트, 특수 효과는 버려야 합니다. 모든 효과는 장식이 아니라 목적입니다.

여백을 활용하시기 바랍니다. 빈 공간이 있으면 무엇인가 채우고자 하는 것이 우리의 습성인 것 같습니다. 여백은 강조할 텍스트를 더욱 돋보이게 만듭니다. 비주얼과 여백이 100개의 텍스트보다 낫습니다.

대비·반복·정렬·근접의 디자인 원리를 활용하시기 바랍니다. 슬라이드 구성은 디자인 작업입니다. 치밀하게 구성하고 목적성이 있어야 합니다. 강렬한 대비를 통해 강조하고, 반복을 통해 의미가 돋보이도록 합니다. 앞서 언급한 시각의 흐름을 고려하여 배치하고 유사한 것끼리 묶는 근접의 원리를 적용하시기 바랍니다.

한 슬라이드에 하나의 메시지만 배치시키는 것도 중요합니다. 사람들은 과잉 정보가 들어오면 정보 이해를 포기하는 경향이 있습니다. 슬라이드가 많아지더라도 '한 슬라이드에 하나의 메시지'는 반드시 지켜야 합니다.

끝으로 MECE(Mutually Exclusive and Collectively Exhaustive)를 기억하십시

오. 서로 배타적이지만 전체적으로 포괄적이어야 한다는 뜻입니다. 슬라이드 구성에 있어 한 장의 슬라이드에 들어가는 개별 항목이 서로 다른 것이지만 전체적인 주제로 봤을 때는 통일성이 있어야 함을 말합니다. 슬라이드 구성을 마친 후 전체를 출력하여 차근차근 이야기의 흐름을 파악해 보십시오. 스토리 보드는 당연히 만들어야 합니다. 개별 슬라이드 구성에 집중하다 보면 전체적인 통일성을 놓칠 수 있기 때문입니다.

2. 전달의 비밀

광고업계의 프레젠테이션은 기발하고 독특합니다. 짧은 시간 동안 광고주에게 광고의 컨셉을 강렬하게 각인시켜야 하기 때문입니다. 다양한 비주얼 자료를 동원해 사람의 감성을 자극하는 데는 탁월합니다.

국내 최고의 광고회사 프레젠테이션 컨설팅을 할 때의 일입니다. 프레젠터들은 모두 10년차 이상의 베테랑이었습니다. 슬라이드 구성과 창의적 접근은 나무랄 데가 없었습니다. 그런데 전달의 문제를 발견하고 사실 놀랐습니다. 크리에이티브한 슬라이드를 두고 시나리오를 읽고 있는 프레젠터도 있었고, 아무런 제스처나 움직임 없이 노트북 또는 정면만 보고 이야기하는 프레젠터, 시선이 불안정한 프레젠터도 있었습니다. 가장 큰 문제는 정작 강조해야 될 부분이 부각되지 않았다는 점입니다. "광고의 컨셉은 이것입니다"라고 해야 할 지점에서 다른 슬라이드와 같은 억양, 크기, 자세로 하다 보니 강조가 되지 않았습니다. 적어도 이 부분이 청중들에게 각인되어야 하는데 그렇지 못했습니다.

나중에 HR 담당자와 이야기를 나누어보니 이런 모니터와 평가가 그동안 없었다는 겁니다. 그러니까 자신의 노하우를 가지고 프레젠테이션을 했지 그것에 대한 정확한 평가와 모니터가 이루어지지 않았다는 것이죠. 다른 프레젠터의 PT도 자주 보지 못했다고 합니다. 자기 방식으로 습관적으로 해온 겁니다.

여러분은 기획과 구성, 전달 중에 어느 것이 더 중요하다고 생각하십니까? 그럼 한번 생각해볼까요? 좋은 구성과 기획안이 있습니다. 나름대로 심혈을 기울였죠. 자료는 제출했지만 워낙 입찰하는 회사가 많다 보니 심사위원들이 다 검토를 하지 못한 것으로 보입니다. 그리고 주어진 프레젠테이션 시간은 20분……. 심사위원들이 여러분 회사에 관심을 가지고 집중할 수 있도록 하려면 어떻게 해야 할까요? 그렇습니다. 완벽한 프레젠테이션 준비겠죠.

물론 이런 경우도 있을 겁니다. 기획과 구성은 부족하지만 발표를 완벽하게 잘한 경우입니다. 기획 자체가 아주 형편없다면 발표로도 만회가 되지 않겠지만 그래도 좋은 발표가 있다면 심사위원들은 다시 한 번 기획서를 검토하게 될 것입니다. 좋은 프레젠테이션은 결정적입니다. 상황에 따

라 다르겠지만, 경쟁과 심사에 관련된 프레젠테이션일수록 전달 기술은
더욱 중요해집니다. 더 큰 문제는 기획과 구성에 대한 고민은 많이 하고
책도 나와 있지만 실질적인 전달 기술에 대한 논의는 부족하다는 점입니
다. 보다 체계적이고 구체적으로 전달 기술을 공부해야 합니다. 체계적이
라 함은 학문적인 바탕이라는 뜻이고 구체적이라 함은 실질적이라는 뜻입
니다.

스피치 구성요인(연습과 모니터의 척도)

앞서 이야기한 상위인지 능력, 기억나십니까? 지식적인 부분과 실천적
인 부분으로 구성되어 있고 이것을 유기적으로 운용했을 때 말을 잘하게
된다고 말씀드렸죠. 더 구체적으로, 내용을 잘 요약하고 이해하는 능력,
말을 잘하고자 하는 의지, 훈련 시 모니터, 그리고 그것을 적용해보는 능
력 등으로 구성되어 있다고 말씀드렸습니다.

말을 잘하기 위해서는 모니터가 중요합니다. 모니터를 하기 위해서는
척도가 필요하고요. 기준점이죠. 어떤 문제가 있는지 파악을 해야 하는데
그동안의 프레젠테이션은 잘했다, 못했다 등 단순한 느낌만으로 평가를
해왔습니다. 내가 어떤 문제가 있는지 정확히 알고 느낄 때 발전이 있습니
다. 방송하는 사람들이 시간이 지날수록 얼굴이 예뻐지고 소리가 좋아지
는 것은 모니터를 받아 본인 스스로 문제점을 느끼기 때문입니다. 제가 대
학에서 사용하는 방법인데, 교수 평가표와 동료들의 평가표를 활용하는

겁니다. 그리고 자기 평가표를 작성하면 가장 확실합니다. 4장에서 다양한 표를 제시할 텐데, 여러분도 직접 활용해보시기 바랍니다.

지금 말씀드리는 스피치 구성요인은 모니터의 척도이고 전달 기술을 훈련할 때 기준점이 됩니다. 여러 책을 보면 구성요인이 언어와 비언어로 단순히 구분되어 있지만 다음의 기준은 학문적 검증을 거친 보다 구체적이고 실질적인 구성요인입니다. 스피치를 체득하기 위해서는 보다 세분화된 지식을 가지고 접근할 필요가 있다는 것은 다들 아실 겁니다.

스피치는 다음과 같이 구성되어 있습니다.

크게 언어적(verbal) 차원과 비언어적(nonverbal) 차원으로 이루어져 있습니다. 언어적 차원은 음성적 요인(유사언어 포함), 콘텐츠 요인으로, 비언어적 차원은 외모·외형, 몸짓언어(공간언어 포함) 등으로 구성되어 있습니다.

음성적 요인 중 발성 & 호흡, 발음, 음색은 우리가 가지고 있는 기본적인 능력으로 사람의 첫인상과 관련이 깊습니다. 유사언어는 우리가 가진 기본적인 음성 능력을 운용하는 능력입니다. 아나운서가 되기 전과 아나운서가 된 후 기본적인 음색은 같지만 보다 세련되고 안정된 소리를 내는 것은 유사언어를 제대로 사용할 수 있기 때문입니다. 여러분도 주로 이 부분에 대한 연습을 집중적으로 해야 합니다.

다음은 콘텐츠입니다. 크게 논리성, 적시성, 표현성으로 구분할 수 있습니다. 내용 자체를 말하는 것이 아니라 그 내용을 전하는 방법이라고 볼 수 있습니다. 논리성은 얼마나 이성적이고 논리적으로 전하는지의 문제이

	음성적 요인 (발성 & 호흡, 발음, 음색) 　– 사람의 첫인상과 관련 　– 아나운서적 요소 유사언어 (빠르기, 크기, 높이, 길이, 쉬기, 강세, 억양) 　– 의미 전달의 완급 조절 　– 뉘앙스와 관련	콘텐츠 요인 (논리성, 적시성, 표현성 등) 　– 메시지의 질과 관련 　– 모든 상황에서 중요	
언어적 차원			상위인지 능력
비언어적 차원	외모 · 외형 (외모, 몸매, 의상, 액세서리, 화장, 헤어 스타일 등) 　– 보여지는 이미지 　– 스피치의 선입관을 갖게 만듦	몸짓언어 (제스처, 자세, 몸 움직임, 표정, 응시, 접촉) 공간언어 　– 무의식적 자기 태도 　– 신뢰성과 관련	

고, 표현성은 얼마나 감성적으로 전하는지, 적시성은 적재적소에 적절한 말을 하느냐의 문제입니다. 즉 구성의 문제입니다. 기획 · 구성의 비밀에서 다룬 문제이므로 전달의 비밀에서는 생략하겠습니다.

외모 · 외형은 보여지는 이미지입니다. 단순히 외모뿐 아니라 몸매, 의상, 헤어 스타일, 장신구까지 포함됩니다. 프레젠테이션도 상황에 맞는 적절한 외모 · 외형 연출은 절대적으로 필요합니다. 저는 컨설팅을 할 때 프레젠터에게 맞는 의상 연출도 조언을 합니다. 자기에게 어울리는 연출만으로도 좋은 이미지를 줄 수 있습니다.

몸짓언어는 우리가 보통 말하는 비언어적 부분으로, 어떻게 움직이고 어떤 제스처를 하는지가 포함됩니다. 프레젠터가 주연으로 무대를 장악하기 위해서는 절대적으로 필요합니다. 제스처, 눈맞춤, 자세뿐 아니라 무대에서 움직이며 청중과 완급 조절을 하는 공간언어 활용이 필요합니다.

그리고 음성적 요인, 콘텐츠 요인, 외모·외형, 몸짓언어 등을 관장하고 조절하는 것은 바로 상위인지 능력입니다.

여기에서는 콘텐츠 요인을 제외한 나머지 부분들을 어떻게 훈련하고 프레젠테이션 시 어떻게 적용하는 것이 효과적인지 알려드리겠습니다. 우선 스피치 구성요인 37개 항목을 천천히 살펴보시기 바랍니다. 그리고 생각해보십시오. 그동안 프레젠테이션을 할 때 각 항목별로 어떻게 해왔는지 말입니다. 문제가 있다고 느끼는 그 순간부터 전달의 기술은 발전합니다.

그 다음에 제시한 표는 37개 항목을 변형하여 만든 프레젠테이션 평가표입니다.

멋진 목소리는 선방 효과가 있다!(음성적 요인)

① 프레젠테이션에 좋은 소리

아나운서는 두 종류가 있습니다. 뜬 아나운서와 언더그라운드 아나운서. 제가 비록 언더그라운드 아나운서이지만 식당에 가면 대접을 받습니다. "아줌마! 갈비탕 둘 주세요"라고 중저음의 안정된 음성으로 주문을 하면 음식을 갖다 주시면서 "목소리가 참 좋으시네요"라는 말을 하시고 이것저것 물어보는 경우가 있습니다. 또 강의를 가는 경우, 특히 청중이 여자가 많은 경우 "안녕하세요? 김은성입니다"라고 중저음으로 안정되게 말하

스피치 구성요인

구성요인	하위 차원	측정 항목
언어적 차원	음성적 요인 & 유사언어	1. 안정되고 떨림 없는 소리를 낸다.(발성과 호흡)
		2. 명료하고 바르게 발음한다.(발음)
		3. 편안하고 듣기 좋은 목소리이다.(음색)
		4. 말의 속도가 적절하다.(빠르기)
		5. 말의 크기가 상황에 따라 적절하다.(크기)
		6. 대화하듯이 자연스러운 억양으로 말한다.(높이, 억양)
		7. 음절의 긴소리와 짧은소리를 적절히 발음한다.(길이, 장단음)
		8. 스피치 중간 중간에 적당한 곳에서 포즈를 준다.(쉬기)
		9. 강조할 곳에서 힘을 주어 말한다.(강세)
	콘텐츠 요인	10. 적절한 첫마디로 시작한다.
		11. 적절한 맺음말을 하면서 마친다.
		12. 준비를 많이 한 것처럼 보인다.
		13. 체계적으로 말한다.(기승전결)
		14. 아이디어(내용)가 참신하고 기발하다.
		15. 표현력이 뛰어나다.(미사여구, 스타일 등)
		16. 생각과 논지를 명확히 말한다.
		17. 구체적인 상황과 맥락에 맞는 내용을 말한다.
		18. 이성적 방법, 소구(appeal)를 사용한다.(주장과 근거 제시)
		19. 감성적 방법(소구)을 사용한다.
		20. 유머적 방법(소구)을 사용한다.
		21. 간결하게 말한다.
		22. 반대편 혹은 상대방의 입장도 이야기한다.(양면적 메시지)
		23. 논리적으로 말한다.(주장과 근거 제시)
		24. 꼭 필요한 내용만 말한다.
		25. 실례, 증거 등을 제시한다.
비언어적 차원	외모 & 외형	26. 외모가 뛰어나다.
		27. 몸매가 좋다.
		28. 옷을 잘 입는다.(의상)
		29. 액세서리를 적절히 잘 착용한다.(모자, 목걸이, 브로치 등)
		30. 얼굴 화장이 자연스럽다.
		31. 헤어 스타일이 어울린다.
	몸짓언어 & 공간언어	32. 제스처를 적절히 활발하게 사용한다.
		33. 자세가 안정적이며 바르다.
		34. 적절하게 몸을 움직이며 말한다.
		35. 얼굴 표정이 다양하며 적절하다.
		36. 눈맞춤을 잘하며 따뜻하다.(시선 처리)
		37. 이야기할 때 다른 사람과의 신체 거리를 적절히 유지한다.

프레젠테이션 평가표

이름 :   발표 일시 :

발표 주제 :

차원	항목	평가 내용	1	2	3	4	5
음성적 요인 30점	발성	호흡의 안정성, 소리의 질					
	발음	발음의 명료도, 정확성					
	톤, 음색	톤의 적절성, 음색					
	속도, 쉬기	속도의 적절성, 포즈의 활용					
	크기, 강세	강세, 크기의 완급 조절					
	억양	부드러움, 운율성					
콘텐츠 요인 30점	논리성	다양하고 명확한 근거					
	적시성	앞과 뒷부분의 임팩트					
	유창성, 표현력	막힘없는 언어 구사력					
	창의성	기발성, 새로운 접근					
	체계적 구성	구조의 짜임새, 시간 안배					
	스토리텔링	사례, 비유, 이야기					
몸짓 언어 25점	자세 · 움직임	경직되지 않은 자연스러움					
	제스처	균형성, 적절성, 효율성					
	표정	자신감 있는 표정					
	눈맞춤	상호 교감 능력					
	공간언어	공간 활용도					
외모 · 외형 15점	의상	단정함과 세련됨					
	헤어, 화장, 장식	적절성					
	이미지	전체 이미지					
총평							

면 어느 정도 반응이 나옵니다.

생각해보십시오. 프레젠테이션을 할 때 프레젠터가 세련되고 안정된 목소리로 자기 소개를 한다면 좋은 인상을 받을 것입니다. 선방 효과죠. 고등학교 시절 남자들은 자주 싸웁니다. 그때 싸움 실력이 비슷할 경우 먼저 주먹을 날리는 사람이 이깁니다. 좋은 음성은 이 상황과 비슷합니다. 좋은 음성으로 처음을 시작하면 사람들의 주목을 받고 좋은 인상을 가지게 됩니다.

그렇다면 프레젠테이션에 적합한 좋은 음성은 어떤 소리일까요?

경쟁 프레젠테이션 컨설팅을 해보면 업체에서는 보통 프레젠터로 목소리가 좋은 사람을 선정하곤 합니다. 직접 들어보면 좋은 소리가 아니라 좋은 소리처럼 흉내 내는 사람들이 대부분입니다. 저음으로 울리거나 소리만 크게 지르는 사람들입니다. 아마 프레젠터를 성악가와 같은 사람이라고 판단해 선정을 한 것 같습니다. 웅변조입니다. 하지만 그런 소리는 좋은 소리가 아닙니다. 어린 시절, 생각해보면 동네에는 반드시 웅변 학원이 있었습니다. 그곳에서 배운 것은 소리 지르기와 이상한 제스처뿐입니다. 제대로 웅변 한 번 하면 목이 쉬는 것은 다반사였습니다.

좋은 소리는 우선 진성(眞聲)입니다. '진짜 소리' 라는 뜻으로 자기 목소리를 찾는 것을 의미합니다. 즉 어느 이상적인 소리가 있어 그것을 따라 흉내 내는 것이 아니라 자신의 체형, 성대기관에 맞는 소리를 찾는 겁니다. 따라서 약간의 허스키, 갈라지는 소리도 상관없습니다. 자신의 체형에 맞는, 최적의 소리를 내면 그것이 좋은 소리입니다. 단지 우리는 그동안 잘못된 습관으로 최적의 소리를 내지 못했을 뿐입니다.

아기들은 복식호흡을 합니다. 배로 숨을 쉰다는 의미이죠. 생각해보세요. 매일 징징대고 우는데 목이 쉰 아이를 본 적이 있으십니까? 그러고 보면 우리 모두 복식호흡을 했죠. 하지만 시간이 지나 술과 담배, 잘못된 습관에 찌들려 좋은 발성 습관을 잃어버리게 된 겁니다. 진성이 아니면 소리가 왜곡되고 먹게 됩니다. 먹는다는 것은, 날숨으로 소리가 밖으로 나와야 하는데 소리가 일정 부분 안으로 들어가 힘이 없는 것을 말합니다. 이것역시 잘못된 습관 때문입니다. 지금도 늦지 않았습니다. 열심히 하면 진성을 찾을 수 있습니다.

또 좋은 소리는 톤이 안정되고 떨림이 없는 소리입니다. 사람은 긴장을 하면 목소리부터 떨리게 됩니다. 듣는 사람들은 불안한 느낌을 받게되죠. 톤이 안정되어 있다는 것은 기복이 없으며 사람이 들을 때도 안정감을 느끼게 된다는 의미입니다. 프레젠테이션 할 때를 생각해보세요. 돌발적인 상황이 많이 있죠. 청중들의 반응이 기대되는 곳인데 전혀 반응이 없다면 당황하기 시작합니다. 그러면 목소리는 더 떨리게 됩니다.

제가 첫 종합 뉴스를 진행할 때의 일입니다. 종합 뉴스는 남, 여 앵커가 같이 진행하는 뉴스로서 비중이 높은 뉴스입니다. 저의 첫 파트너는 9시 뉴스를 5년 넘게 하신 베테랑 여자 선배님이었습니다. 같이 첫 뉴스를 진행했는데 깜짝 놀랐습니다. 베테랑 선배가 뉴스를 읽으면서 많이 틀리는 겁니다. 소위 많이 '씹었습니다'. 저는 두 군데 틀렸고 그 선배는 다섯 군데 넘게 틀렸습니다. 뉴스가 끝나고 모니터를 했는데 저는 다시 한 번 놀랐습니다. 다섯 군데 틀린 그 선배의 뉴스는 틀린 것이 티가 나지 않았습니다. 저는 두 번밖에 안 틀렸는데도 엄청 티가 났고요.

왜 이런 일이 생겼을까요? 저는 틀렸을 때 가장 먼저 보도본부장님 얼굴이 떠오르며 당황하기 시작했습니다. 그리고 톤이 떨어지며 떨리기 시작했죠. 하지만 그 선배는 틀린 후에도 티 내지 않고 아무렇지 않은 듯 자기 페이스로 뉴스를 진행했습니다. 그렇습니다. 프로와 아마추어의 차이는 실수했을 경우의 태도입니다. 다 떨리지만 그 긴장감을 통제하는 것이 바로 프로입니다. 아나운서들은 돌발 상황에서도 긴장하지 않고 일정한 톤을 유지하며 말을 하는 훈련을 받습니다. 여러분도 훈련을 통해 안정감을 찾을 수 있습니다.

밝고 자신감 있는 건강한 소리가 좋은 소리입니다. 좋은 소리의 3가지 조건은 모두 연관성을 가지고 있습니다. 진성이 나오면 자신감이 생기고 톤이 안정되기 때문입니다. 여기서 주목해야 할 것은 건강한 소리라는 겁니다. 우리 몸은 악기이고 악기는 잘 관리하고 조율이 잘된 상태에서 최고의 소리가 나오게 돼 있습니다. 다른 훈련이 미흡하다면 건강 관리를 잘하는 것만으로도 지금보다는 좋은 소리를 낼 수 있습니다. 아나운서들은 운동을 꾸준히 합니다. 직업 특성상 술을 마시고 담배를 피우는 경우가 의외로 많기 때문입니다. 특히 유산소운동이 효과적인데 운동을 통해 폐활량이 늘어나면 보다 좋은 소리를 낼 수 있습니다. 유산소운동 중에서도 달리기를 권합니다.

프레젠테이션에 적합한 소리는 특별한 것이 아닙니다. 성악가, 성우, 아나운서를 따라 할 필요도 없습니다. 위의 3가지 조건을 충족하며 자신의 목소리를 경영하면 됩니다. 가장 중요한 것은 내 목소리의 문제점을 발견하고 거기에서부터 훈련을 시작하는 겁니다.

② 발성의 원리 : 호소력의 키

세 시간 동안 프레젠테이션이나 강의를 해보신 적이 있습니까? 해보지 않으셨다면 한번 해보시죠. 여러분의 목 상태를 알 수 있는 리트머스 시험지입니다. 아니면 술을 드시고 노래방에 가서 목청껏 노래를 불러보시지요. 그리고 그 다음날 목 상태가 어떤지 확인해보세요. 정말 수준 이하의 소리, 저질 소리가 나올 겁니다. 대부분의 사람들은 발성이 배에서부터 나오지 않고 목 주변에 집중되어 있기 때문에 성대에 많은 무리가 오게 됩니다. 발성이 어떻게 이루어지는지 알아야지만 훈련이 가능합니다. 어렵게 설명드리지 않겠습니다. 더 자세한 것을 원하시면 성악 발성 책들을 참조하시면 될 겁니다. 저는 학문적인 접근보다는 실질적으로 도움이 되는, 즉 프레젠테이션 준비를 할 때 목소리를 좋게 만드는 기술 위주로 설명드리겠습니다.

소리는 발동(호흡)기관, 발성기관, 공명기관, 조음기관에 의해 만들어집니다. 발동기관이라 함은 소리가 올라오는 폐, 횡격막(배 주위 근육) 등을 말하고, 발성기관은 소리가 만들어지는 성대, 성문입니다. 남자 목 주위에 도드라지게 복숭아씨처럼 나와 있는 부분 아시죠? 일명 '아담의 사과' 라고도 합니다. 그 부분을 눌러보세요. 만화 영화에서나 들을 수 있는 신기한 소리가 나옵니다. 성대의 개폐에 의해 소리와 음색이 만들어집니다. 공명기관은 인두(성대와 구강의 연결 지점), 구강(입 주변), 비강(코 주변) 등으로 소리가 윤택하도록 만들어지는 기관입니다. 사실 넓은 의미에서는 우리 몸 전체가 공명기관입니다. 따라서 바른 자세를 갖는 것만으로도 일정 정도의 목소리 개선 효과가 있습니다. 끝으로 조음기관입니다. 입술, 혀, 치아, 턱, 입천장 등이 해당되며 최종적으로 소리를 야무지게 만들어주는 곳입니다. 발음과 밀접한 관계가 있는 곳이죠.

좋은 소리는 이 네 기관이 서로 조화롭게 작업할 때 만들어집니다. 한 곳이라도 문제가 있으면 완벽한 소리, 진성이 나올 수 없습니다. 하지만 걱정 마세요. 문제점을 깨닫고 조금씩 노력하면 지금보다 훨씬 좋은 소리를 낼 수 있습니다.

먼저, 발성에서 가장 중요한 호흡에 대해 알아보죠. 복식호흡이라고 들어보셨죠? 배로 숨을 쉬는 겁니다. 생각해보세요. 폐의 윗부분만을 가지고 숨을 쉬는 것과 횡격막 근육을 이용하여 훨씬 넓은 공간에서 숨을 쉬는 것, 공기의 양이 크게 차이가 나겠죠. 배로 숨을 쉬면 소리가 안정되고 풍성해집니다. 아나운서가 이야기하면 신뢰감이 간다고 하는데 이것은 호흡 안정의 결과입니다. 아나운서가 이야기하면 거짓말도 진실처럼 받아들여지고 굉장히 똑똑한 느낌을 받습니다. 이것이 호흡입니다.

그런데 말할 때마다 항상 배로 숨을 쉬면서 복식호흡을 하면 소리가 동굴 속 소리, 울리는 소리가 됩니다. 어색한 음성으로 들립니다. 따라서 가장 효과적인 호흡은 흉복식호흡입니다. 자연스럽게 배로도 폐로도 숨을 쉬는 것이죠. 그런데 우리 몸은 유기체라 특별한 공식을 입력하여 작동하는 게 아닙니다. 뉘앙스를 느끼고 실천하는 수밖에 없습니다. 제가 오프라인 강의를 할 때는 목소리, 가슴 소리, 배 소리를 직접 들려줍니다. 책이라 보여드리지 못해 아쉽습니다.

우선 여러분이 흉식호흡을 하는지 복식호흡을 하는지 알아보죠. 준비되셨으면 다음을 따라 해보세요. 바른 자세를 한 후에 가슴에다 한 손을, 윗배(명치 부근)에다 한 손을 위치시키세요. 그리고 스타카토로 "하 헤 히 호 후"를 두 번 큰 소리로 말해보십시오. 어디가 움직이십니까? 네, 대부분 가슴 부위가 움직일 겁니다. 바로 흉식호흡을 하는 겁니다. 흉식은 어깨가 들썩이고 소리의 안정감이 떨어지는 소리입니다. 특히 여성분은 목소리 의존도가 높은데요. 일명 아성(兒聲), 어린아이 소리는 치명적입니다. 공식적 프레젠테이션에서 아성이 나오면 공신력에 큰 타격을 받죠.

아나운서 시험에서도 아성은 결정적인 자격 미달 요건입니다. 허스키, 얇은 소리 등은 문제가 되지 않는데 어린아이 소리는 문제가 큽니다. 따라서 소리를 내리는 연습, 즉 복식호흡을 하는 연습을 해야 합니다. 학자에 따라서는 여성분들의 신체 구조상 완벽한 복식호흡을 할 수 없다고 하는 사람도 있습니다. 중요한 것은 소리를 얼마나 밑에서 내서 안정감을 주느냐 하는 문제겠죠.

또한 발성, 호흡을 잘하면 한 호흡으로 많은 양의 음절을 소화할 수 있습니다. 그렇게 하면 듣는 사람에게 부드러운 느낌을 줍니다. 호흡이 짧은 사람은 말을 할 때도 단절이 되고 짜증스러운 느낌이 납니다. 가급적 한 호흡에 많이 읽는 연습을 할 필요가 있습니다. 가장 이상적인 것은 경제적으로 호흡하여 많이 말하고, 가슴, 배의 균형 잡힌 호흡이라고 정리할 수 있습니다.

자, 그럼 복식호흡을 연습하는 방법, 달리 말하면 그 뉘앙스를 느끼는 방법을 알려드리죠. 단기간에 되지는 않습니다. 그 느낌을 기억하십시오. 그리고 생활 속에서 말할 때 그 느낌이 구현되도록 노력하세요. 안 된다고 좌절하지는 마세요. 생각해보십시오. 수십 년 동안 편하게 발성하다가 갑자기 복식호흡을 한다고 하면 몸이 당황하겠죠. 몸이 적응하는 데는 생각보다 오래 걸립니다. 하지만 확실한 것은 그런 노력들이 쌓여 지금보다 훨씬 좋은 소리가 만들어진다는 사실입니다.

(전제 조건) 바른 자세를 유지하세요.

뉴스 앵커들을 보면 삼각형 모양으로 앉아 있죠. 손을 마주 잡고 바르게 앉습니다. 물론 좋은 비주얼을 보여주기 위해 그런 자세로 앉지만 더 중요한 것은 소리입니다. 가급적 소리길(발동기관 – 발성기관 – 공명기관 – 조음기관)이 꺾이지 않도록 앉는 거죠. 프로와 아마추어 앵커의 차이가 뭔지 궁금하시죠? 영상이 나갈 때 아마추어 앵커는 밑에 있는 기사를 보지만, 프로

앵커는 원고를 들고 가급적 소리길이 꺾이지 않도록 뉴스를 읽습니다. 여러분도 말씀하실 때 습관적으로 바른 자세가 되도록 노력하세요. 그럼 바른 자세는 어떤 자세일까요?

제일 좋은 것은 서 있는 겁니다. 서 있을 때 편안해야 합니다. 헌병 자세를 하시는 분이 계신데, 이런 자세를 취하면 근육의 긴장으로 경직된 소리가 나오게 됩니다. 발을 어깨 넓이로 벌리시고 한 발을 약간 앞으로 위치시키세요. 한 발을 약간 앞으로 하면 더욱 안정적이고 발표할 때 짝다리도 가능합니다. 그리고 손을 가볍게 내려놓으시고 어깨의 힘을 뺍니다. 단, 등과 엉덩이 라인이 가급적 일직선이 되도록 약간 긴장을 합니다. 무릎은 유연하게 살짝 힘을 빼고 엄지 발가락에 무게가 실리도록 섭니다. 대원칙은 편안함입니다. 자세만으로도 소리가 좋아집니다.

- 11자의 자세에서 한 발을 살짝 앞으로 내밉니다.
- 어깨는 절대로 움직여서는 안 됩니다.
- 등과 엉덩이만 긴장감을 주고 나머지는 편안한 자세를 유지하세요.
- 턱을 당겨주고 살짝 웃는 표정이 좋습니다.

훈련 방법 1

바른 자세에서 한 손은 갈비뼈를 잡고 다른 한 손은 명치와 배꼽 사이 부분에 주먹을 쥐고 올려놓습니다. 어깨에 무거운 돌이 있다고 생각하면서 숨을 쉽니다. 1~4까지는 천천히 코로 숨을 들이마시며 명치 위 주먹이 서서히 앞으로 나오도록 하고, 5~6은 그 상태를 유지, 7~10은 천천히 입으로 숨을 내쉬는 겁니다. 바르게 하셨다면 어깨가 움직이지 않고 명치 위에 놓인 주먹이 서서히 앞으로 나오게 될 것입니다. 그것이 바로 복식호흡입니다.

＃ 훈련 방법 2

누운 상태에서 배 위에 책을 올려놓으세요. 앞서의 숨쉬기 방법으로 책이 움직이는 것을 느끼시면 됩니다.

＃ 훈련 방법 3

시골 옆 동네에서 개가 짖으면 우리 동네까지 들립니다. 진정한 개소리 들어보셨죠? 배를 관찰해보면 들어갔다 나왔다 하는 것을 알 수 있습니다. 천천히 숨을 들이마신 후 '아-아-아-아' 혹은 '쓰-쓰-쓰-쓰'를 스타카토로 끊어서 강하게 말해보시기 바랍니다. 그때 어깨는 고정되고 배만 앞으로 나왔다 들어갔다 해야 됩니다.

＃ 훈련 방법 4

일명 조폭 발성으로, 조폭들이 인사하는 것처럼 다리를 어깨 넓이 정도로 벌리고 인사를 깊게 하면서 "아-아-야" 하고 소리를 내보세요. 그러면서 더 숙이는 겁니다. 그러면 명치, 윗배가 조여드는 느낌이 드는데 그것이 복식호흡 할 때의 느낌입니다.

＃ 훈련 방법 5

이 방법은 소리의 왜곡을 막고 소리가 앞으로 나가도록 하는 연습입니다. 목이 잠기고 소리의 힘이 떨어질 때 제가 즐겨 쓰는 방법입니다. 방문 앞 1미터에 선 후, 소리를 지르는 겁니다. 밑에서 소리가 나온다는 느낌으로 말이죠. 제대로 소리가 나오면 문에 소리가 반사돼 자신의 귀가 울리는 것을 느낄 수 있습니다. 소리가 왜곡되면 귀에 진동이 느껴지지 않습니다.

＃ 훈련 방법 6

좋은 발성과 호흡은 안정되게 많은 양의 음절을 읽는 것을 말합니다. 안정적 호흡은 1회 호흡으로 40음절 정도를 소화해야 합니다. 빠르게 읽는 것이 아니라 천천히 여유를 가지고 40음절을 읽고 호흡이 남아 있어야 합니다. 앞서의 호흡 방법으로 다음 시조를 천천히 읽어보는 연습을 하세요.

〈오백 년 도읍지를〉(43음절)
오백 년 도읍지를 필마로 돌아서니
산천은 의구하되 인걸은 간데없다
어즈버 태평연월이 꿈이런가 하노라

♯ 훈련 방법 7

이 방법은 발성뿐 아니라 발음까지도 좋게 하는 종합적 훈련 방법입니다. 먼저 아래턱을 내릴 수 있는 데까지 내리고 입은 가능한 한 크게 벌립니다. '아, 에, 이, 오, 우'를 최대한 입을 크게 벌려서 발음해봅니다. 숨을 들이마신 후 한꺼번에 내뱉으면서 뚝뚝 끊어 크고 굵게 내뱉는 것이 중요합니다. 호흡을 잘 가다듬어 자연스런 발음이 되도록 하고, 입 끝에서만 소리를 내는 것이 아니라 복식호흡을 염두에 두고 깊은 데서부터 소리를 내도록 합니다. 또 목에 힘을 주지 않고 자연스럽게 합니다. 소리를 삼키는 일 없이 될 수 있는 한 내뱉도록 하며, 항상 발음을 정확하게 합니다. 이 같은 요령에 따라 다음과 같은 발음을 연습해봅니다. 발성에 특별히 신경을 쓰면서 말이죠.

- 아–에–이–오–우
- 우이–––야–––
- 야––––호––––
- 아–––큐–––––향
- 오–––패–––––냥
- 마–––악–––––파
- 로–––우–––––얄
- 씨–––리–––––톨

- 쥬---피-----탈
- 올레--로--사
- 수네-이-파-젤
- 푸렌-마-네푸-

소리에 있어 또 하나 중요한 것이 성문을 어떻게 관리하는지입니다. 성대에서 구강까지 이어지는 공명강은 소리를 더욱 윤택하게 해주는 길입니다. 폐에서 올라온 기류가 적절히 성문을 통과하고 공명강을 지나면서 기분 좋은 소리로 만들어지는 겁니다. 우선 성문이 잘 닫혀야 됩니다. 열려 있던 성문이 말을 하면서, 1초에 남자는 100~150회, 여자는 200회 이상 진동합니다. 이곳이 부어 있거나 잘 닫히지 않으면 성대에 무리가 가고 결국 소리의 이상, 성대결절까지 야기됩니다. 소리가 갈라지는 것은 성문이 잘 닫히지 않기 때문입니다. 잘 닫히기 위해서는 턱을 들지 않고 내려야 합니다. 그러면 성대의 위치가 제자리를 찾게 됩니다. 성문이 닫히는 연습 역시 많이 하시기 바랍니다.

방법은 '오' '우' 발음을 하면서 입에서 공기가 나오지 않도록 안으로 소리를 내는 겁니다. 입 앞에 손을 대거나 라이터 불을 켜고 흔들리지 않도록 연습하시기 바랍니다. 또한 입 앞에 손등을 대고 '우' 발음을 해보십시오. 찬바람이 나올 겁니다. 그런데 턱을 내리면서 발음하면 따뜻한 바람이 나옵니다. 이때가 성문이 잘 닫히는 겁니다.

공명강을 통해 소리가 잘 나오게 하기 위해서는 턱을 내밀지 말고 입을 입체적으로 움직여 성대와 입 사이의 공명강 길이가 길어지도록 만드는 연습을 해야 합니다. 턱을 내밀면 소리길이 왜곡되기 때문이죠. 좀 어렵다고요? 하지만 이런 연습은 좋은 소리를 위해 반드시 필요합니다. 단순히 소리를 크게 지르는 것이 발성 연습이 아닙니다. 그렇게 하면 목에 더욱 무리가 돼서 소리는 더 안 좋아집니다.

③ 발음 연습 : 전달력의 키(key)

솔직히 발성과 호흡은 단기간에 이루어지는 것이 아닙니다. 제가 대학교에서 16주 강의를 해도 2, 3명의 학생들만 학기말에 복식호흡을 하니까 말이죠. 그렇다고 포기해서는 안 됩니다. 좋은 울림은 공신력을 높이는 중요한 도구입니다.

발성과 호흡에 비해 상대적으로 단기간에 효과를 볼 수 있는 것은 발음입니다. 조음기관(입술, 혀, 입천장, 이 등)이 결정적 역할을 하게 되죠. 우리는 그동안 너무나 경제적으로 발음을 해왔습니다. 입을 크게 벌리지 않고 대충 얼버무리며 말을 했죠. 저비용 고효율적으로 발음했습니다. 프레젠테이션 현장을 생각해보세요. 프레젠테이션은 정보 전달과 설득 스피치입니다. 나의 의사와 콘텐츠가 잘 전달돼야 하는데 발음 자체가 애매하다면 청중들은 들으려고 하지 않을 것입니다. 마이크 음향 시설이 있다고요? 발음이 정확하지 않으면 웅얼웅얼 울리기만 합니다. 제가 프레젠테이션 컨설팅을 할 때 중점을 두는 것 중의 하나가 정확한 발음을 통한 전달력입니다. 발음을 잘하기 위해서는 입 주변이 부지런해야 합니다. 자주 빠르고 부드럽게 움직일 때 좋은 발음이 나옵니다.

자 우선 다음의 발음을 빠른 속도로 읽어보세요. 이 문장들은 반복적으로 계속 연습하시기 바랍니다.

- 전라남도 도의회 의원, 자료를, 수수료율을, 추진위원회, 삼립식품주식회사.
- 칠월 칠일은 평창 친구 친정 칠순 잔칫날.
- 저기 저 뜀틀이 내가 뛸 뜀틀인가 내가 안 뛸 뜀틀인가.
- 동편 뜰 서편 소풍 길 다 무사했답니다.
- 간장공장 공장장은 강공장장이고, 된장공장 공장장은 장공장장이다.
- 이 행사는 삼성생명 협찬입니다.
- 저기 있는 말말뚝이 말 맬 만한 말말뚝이냐, 말 못 맬 만한 말말뚝이냐.
- 한양양장점 옆 한영양장점, 한영양장점 옆 한양양장점.
- 옆집 팥죽은 붉은 팥 팥죽이고, 뒷집 콩죽은 검은콩 콩죽이다.
- 검찰청 쇠철창살은 새쇠철창살이냐 헌쇠철창살이냐.
- 저기 있는 저분은 박법학박사이고, 여기 있는 이분은 백법학박사이다.

어떠세요? 자연스럽게 잘 읽혀지십니까? 발음이 안 되거나 얼버무려지
는 것은 그쪽 근육이 개발이 안 돼서 발음이 원활치 못하다는 것을 의미합
니다. 위 문장들이 자연스럽게 나오도록 자주 반복적으로 연습하세요.

우리말은 자음과 모음이 있죠. 우선 모음은 입을 어떻게 벌리는지가 아
주 중요합니다. 입을 크게 벌리면 발음도 잘 되지만 덤으로 공명이 돼서
소리가 좋아지게 됩니다. 다음의 모음 발음 요령을 잘 읽어보세요. 특히
'오·우' 발음과 '이·에·애'가 중요합니다. '우' 발음할 때 입술 끝이
눈으로 약간 보일 정도로 과격하게 앞으로 뺄 필요가 있습니다. 너무 빼면
보기가 좋지 않지만 그동안 제대로 하지 않으셨기 때문에 이런 연습이 필
요합니다. 또 '이·에·애'는 입을 조금씩 크게 벌리면서 연습하시기 바랍
니다.

#아

입을 벌린다. 입술에 힘을 주지 않고 앞니가 보일 정도로 벌리면 입 모
양은 계란 모양과 같이 된다. 혀끝은 아래 치아 내측에 약간 닿는 정도로

하고 자연히 편편하게 하며 목젖과 목구멍은 크게 높이 벌리는 기분으로
한다. 그리고 숨을 토할 때에 "아–" 하고 길게 발음한다.

어

윗입술을 더 높이 벌리고 아래 입술을 약간 벌리는 정도로 한다. 혀끝은
앞니 내측 깊숙이 아래로 동그랗게 오므려 붙이는 것처럼 하고 힘은 주지
않는다. 목구멍을 속으로 높게 벌리는 기분으로 숨을 토할 때에 "어–" 하
고 길게 발음한다.

오

위아래의 입술을 동그랗게 내밀어 원 모양을 작게 만든다. 혀는 조금 잡
아당겨 혀끝을 약간 아래로 내려서 "오–" 하고 발음한다.

우

'오' 발음보다 입술을 앞으로 내밀어 작은 원을 만들고 힘은 주지 않는
다. 치아의 사이를 좁게 하고 혀는 약간 오므려서 혀끝을 아래로 약간 내
리고 "우–" 하고 발음한다.

으

입을 생긴 대로 약간 편편히 간격만 띄우게 벌리고 그 간격만큼 치아도

벌린다. 혀는 편히 앞니 내측에 약간 닿고 목젖에서 소리가 나오는 듯이 하여 "으–" 하고 발음한다.

이

'으' 발음과 같이 입술과 이를 벌리는데, 다만 옆으로 더 넓게 잡아당긴다. 혀끝은 아랫니 내측에 붙이고 "이–" 하고 발음한다.

에

'이' 발음에서 입을 조금 더 크게 벌린다는 기분으로 발음한다. 혀끝은 아랫니 뒤에 대고, 혀의 양 옆은 윗어금니의 일부분에 살짝 댄다.

애

'이' 발음보다는 입술과 이를 위아래로 더 크게 벌린다. 혀끝은 아랫니 내측에 넓게 붙여서 "애–" 하고 발음한다.

자음 발음에서 가장 중요한 것은 'ㄱ, ㄴ, ㅁ, ㅅ, ㅇ' 입니다. ㄱ은 비음의 척도이기도 합니다. 비음이라 함은 콧소리죠. 제대로 공명이 되지 않기 때문에 답답한 느낌을 받게 됩니다. 코는 뚫려 있는데 소리가 비음이면 부비동, 코 주변 공간에 농이 차 있는 겁니다. 따라서 축농증 환자들은 수술을 받거나 입을 더 크게 벌리고 자세를 좋게 하기 위해 노력해야 합니다.

자세 교정만으로도 일정한 효과가 있습니다. 아무튼 ㄱ을 발음할 때 코를 잡고 해보시고, 그냥도 해보세요. 소리가 동일하면 문제가 없지만 이상이 있다면 비음입니다.

ㄴ 발음을 할 때는 혀가 앞니 바로 뒤 잇몸에 닿아야 합니다. 입천장 중간에 닿으면 어린아이 소리가 나오게 됩니다. 즉 혀가 부지런히 움직일 때 ㄴ 발음이 제대로 나옵니다. ㄴ 발음이 안 되면 혀가 짧은 것은 아닌지 고민해봐야 합니다.

ㅁ 발음은 입술이 닿았다가 떨어져야 되고, ㅅ 발음은 혀가 부지런해야지만 제대로 음가가 나옵니다. 혀가 윗니 끝에 닿아야 합니다. ㅇ 발음은 목 안 깊숙이 나오는 소리로 비음이 되지 않도록 노력해야 합니다.

자 그럼 종합 연습을 해보죠. 먼저 전제가 필요합니다. 자기 목소리를 듣고 스스로 느끼고 반성해야 합니다. 들어보고 만족스러우면 문제가 심각합니다. 자신의 문제점을 알 때 고칠 수 있습니다. 자기 소리를 듣기 위해서는 반드시 보이스펜을 구입하십시오. 이 보이스펜은 다른 일을 하면서 아이디어가 생각날 때 쓸 수도 있고, 발음 연습을 할 때 필수 도구입니다. 자기 소리를 듣고 놀라지 마십시오. 자기가 듣는 소리가 훨씬 좋게 들립니다. 외부로 나온 소리가 귀로 들리고 또한 내 몸의 뼈에서 울리는 소리가 동시에 들리기 때문에 입체적입니다. 하지만 상대가 듣는 것은 내가 낸 소리입니다. 즉 녹음된 소리가 바로 다른 사람이 듣는 소리입니다.

가	나	다	라	마	바	사	아	자	차	카	타	파	하
게	네	데	레	메	베	세	에	제	체	케	테	페	헤
기	니	디	리	미	비	시	이	지	치	키	티	피	히
고	노	도	로	모	보	소	오	조	초	코	토	포	호
구	누	두	루	무	부	수	우	주	추	쿠	투	푸	후

♯ 발음 연습 1

위의 표를 소리 내어 자주 읽어보세요. 표를 읽을 때는 방법이 있습니다. 아래 방향으로 천천히 음가를 고려해서 읽습니다. '가-게-기-고-구'를 천천히 읽고, 그 다음에 아주 빠른 속도로 읽습니다. 이것이 1세트가 됩니다. 또한 사선으로도 가능합니다. '가-네-디-로-무', '나-데-리-모-부' 처럼 말이죠. '천천히, 빨리' 꼭 기억하시기 바랍니다.

♯ 발음 연습 2

다음 문장을 자연스럽게 읽으면서 녹음해보세요.

1. 언제나 점잖은 그는 대꾸도 않고 아무런 말도 없이, 전기도 없는 교실에서 그림만 그렸다.

2. 최근에 우리 회사는 사정이 대단히 어렵습니다.

3. 그 근처 섬에서 해상 경비대가 확실히 출동 대비를 하고 있었나요?

4. 좁은 방에 이십오 명이 빽빽이 둘러앉아서 무슨 연구를 한답시고 쪼 그리고 있는 청년들이 있었다.

5. 전화는 물론 전기도 없으며 특별한 오락 시설도 없는 외딴섬의 초가 집에서 무슨 전문학자도 아닌 이들이 매일같이 모여 앉아, 서로 마주 보고 있는 것이 인생의 유일한 과제요, 목표인 양 별 다른 말도 없이 끈 질기게 버티고 있다.

6. 현재까지 알기로는 이들 중에 외국인도 정치가도 경제인도 없다. 그 렇다고 사회의 저명한 인사가 끼어 있는 것도 아니며 혈기가 넘치는 젊 은이만도 아니다.

-서울대 언어학과 개발 발음 진단 sheet

＃ 발음 연습 3

다음 문장을 자연스럽게 읽으면서 녹음해보세요.

이의 제기할 분 계십니까?
네, 이의 있습니다.

이것은 회의를 할 때 '다른 주장'을 제기하실 분이 있느냐고 물을 때 자 주 들을 수 있는 표현입니다.

'의' 자의 발음법에 대해 간략히 설명드리면, '의' 자가 단어의 첫 음절에 올 때는 글자 그대로 [의]로 발음해서 의사[의:사], 의미[의:미]와 같이 되고, 둘째 음절 이하에 올 때는 [이]로 발음해서 회의[훼:이]나 강의[강이]로 발음합니다. '의' 자가 조사 역할을 하면 [에]로 발음되고요.

그러므로 달리하는 주장이나 보통과 다른 의사를 뜻하는 말 '이의'는 [이:이]로 발음하는 것이 맞습니다.

＃ 발음 연습 4

신문이나 프레젠테이션 시나리오, 업무 관련 보고서를 빠른 속도로 읽으며 녹음해보세요.

④ 유사언어 : 전달력의 완성

강조의 원칙
· 가급적 한 호흡에 많이 읽는다.
· 강조하고자 하는 지점 앞에서 포즈를 둔다.
· 강조하고자 하는 지점에서 천천히 감정을 실어 말한다.
· 강조할 때 눈맞춤을 하면 효과가 배가된다.

발음과 발성 등 음성적 요인이 평범한 사람이 있습니다. 그러다가 어느 전문가의 도움으로 아나운싱(낭독을 효과적으로 하는 연습) 훈련을 받게 됩니다. 그러면 시간이 갈수록 읽는 능력이 좋아집니다. 그 사람의 기본적 음성 능력이 바뀐 것은 아닙니다. 하지만 낭독 능력이 좋아진 겁니다. 아나운서가 되기 전과 된 후에 읽는 스타일이 달라집니다. 보다 세련되어지죠. 이것이 바로 유사언어(paralanguage)입니다. 기본적 음성 능력을 운영하는 능력입니다. 특히 우리의 프레젠테이션이 아직까지 시나리오 낭독 중심으로 이루어지기 때문에 유사언어 훈련은 필수적입니다. 시나리오 중심의 우리나라 프레젠테이션 현실에서 가장 효과적인 방법입니다.

유사언어는 속도, 크기, 높이, 강세, 쉬기, 억양, 길이 등이 있습니다. 한 요소만을 잘한다고 좋은 아나운싱이 되는 것은 아닙니다. 이런 요소들을 복합적으로 체득하고 실천할 때 좋은 아나운싱이 됩니다. 문장을 읽으면서 전체 흐름을 알아야 합니다. 그러기 위해서는 각 유사언어의 특징과 이용 방법을 알아야겠죠.

개별 유사언어 이해 – 종합적인 적용 훈련 – 실전 활용

＃속도(rate)

일정한 속도로 말을 한다면 아무리 좋은 이야기라도 집중하기 힘듭니다. 아무리 좋은 내용이라 하더라도 통상 11분이 지나면 집중도가 떨어진다는 것은 대체적인 연구 결과입니다. 말의 속도 조절을 통해 청중들의 관심도를 높일 수 있습니다. 상황에 따라 다르겠지만 대체적으로 보면 중요

빠른 속도로 말해야 하는 경우

– 쉬운 내용일 때

– 사건을 단순히 나열할 때

– 인과 관계로 구성된 내용일 때

– 누구나 알고 있는 사실을 말할 때

– 별로 중요하지 않은 내용일 때

– 청중이 잘 이해하는 듯한 내용일 때

느린 속도로 말해야 하는 경우

– 어려운 내용일 때

– 숫자, 인명, 지명, 연대 등을 말할 때

– 결과를 먼저 말하고 원인을 나중에 말할 때

– 분명한 사실을 말할 때

– 추리 과정이 필요한 이야기를 할 때

– 감정을 억제할 때

– 의혹을 일으킬 만한 내용을 말할 때

– 강조하고 싶은 내용일 때

한 이야기에서는 천천히 곱씹듯이 말하고 배경 설명이나 모든 사람들이 알고 있는 부분에서는 빠르게 말합니다.

처음에는 속도를 조절할 수 있지만 시간이 지날수록 제어하기가 힘이 듭니다. 대체적으로 빨라지죠. 따라서 속도 조절 부분은 형광펜으로 미리 표시하시는 것이 좋습니다. 강조해야 할 부분에 칠을 하고 강세와 속도로 강조를 하는 겁니다. 주로 우리 제품·제안의 특징, 다른 것과의 차별성, 핵심 개념들에서 천천히, 또박또박 말하면 좋습니다. 손가락 제스처와 함께 한다면 더욱 효과적이겠죠. 생각해보세요. "저희 사업의 특징은 우선 비용 절감입니다"라고 말할 때 비용 절감을 강하고 천천히 읽으며 손가락 제스처를 쓴다면 동일한 내용이 보다 효과적으로 전달이 될 겁니다.

\# 크기(volume)

주로 마이크를 사용하는 경우가 많아 소리의 크기를 중요하게 생각하지 않는 것 같습니다. 그런데 크기가 단순히 소리의 힘만을 의미하는 것은 아닙니다. 크기 속에 진성과 공명까지 포함됩니다. 소리를 지르는 것이 아니라 소리의 동력, 역동적인 힘을 보여주는 것을 말합니다. 따라서 크기를 통해 자신감을 보여줄 수 있습니다. 단순히 목청을 높이는 게 아니라는 이야기죠. 생각해보세요. 매가리 없는 소리가 마이크를 타고 흘러나와 봐야 힘과 동력을 느낄 수가 없죠. 발성이 잘된 상태에서 소리의 크기를 높일 때 효과가 있습니다.

강조하고자 하는 부분에서 소리를 크게 할 필요가 있겠죠. 하지만 역으로 소리를 작게 함으로써 사람의 집중도를 높일 수도 있습니다. 중요한 부분에서 역으로 작게 말하면 사람들은 이상한 분위기를 감지하고 집중하게 됩니다. 이런 방식은 주로 강의 프레젠테이션에서 많이 사용합니다. 프레젠테이션 내내 소리를 지를 수는 없습니다. 배경, 브릿지 멘트, 모두가 알고 있는 내용 같은 부분은 적당히 하고, 강조점은 크게 할 필요가 있습니다. 또한 강단을 떠나 무대로 나올 때는 소리의 크기를 높일 필요가 있습니다. 무선 마이크의 특징상 움직이면 소리가 작아지기 때문에 신경 써야 합니다.

또한 청중 수, 장소, 마이크 사용 여부, 무대 움직임 등에 따라 소리의 크기를 조절해야 합니다. 마이크가 없는 소규모 프레젠테이션에서는 크기가 더욱 중요합니다. 그런 장소에서는 사람들이 '크기 = 자신감' 으로 느끼기 때문입니다.

#톤, 높이(pitch)

자기에게 맞는 톤을 유지하는 것은 아주 중요합니다. 발성기관인 성대는 평상시에는 열려 있다가 말을 하면 닫힙니다. 1초에 남자는 100~150회, 여자는 200회 움직입니다. 따라서 여자의 톤이 높게 돼 있습니다. 문제는 자기 성대에 맞지 않는 톤을 가지고 계속 이야기를 하면 소리가 갈라지고 나중에는 성대결절까지 올 수 있습니다.

자기 톤이 적절한지 알려면 장시간 이야기를 했을 때의 목 상태를 보면 됩니다. 톤이 높거나 낮으면 무리가 가서 목이 금방 쉬거나 탁해지게 됩니다. 그리고 톤에 문제가 있으면 종결어미 '~다'를 제대로 발음하지 못합

TIP
자기 톤 확인하기

검지 손가락을 성대에 갖다 놓고 말을 해봅니다. 손가락 안에서 목젖이 움직이면 괜찮지만 그 범위를 벗어나면 톤에 문제가 있는 것입니다. 소리를 의도적으로 낮추면 성대는 밑으로 가고 의도적으로 높이면 위로 갑니다. 이상적인 것은 정확한 위치에서 안정적으로 움직이는 겁니다.

니다. 힘이 빠진 '다' 나 어색한 강세를 주는 '다' 소리가 나오게 돼 있습니다. 아나운서들도 입사 후 자신의 톤을 찾기 위해 부단히 아나운싱 연습을 합니다. 매일 뉴스를 읽고 녹음 후 모니터를 합니다. 저는 튜닝이란 표현을 쓰고 싶은데요. 반복 연습과 모니터를 통해 자기 톤을 찾아가는 것은 매우 중요합니다. 그럴 때 안정적인 소리가 나올 수 있습니다.

강세(accent)

우리나라의 경우에는 단어보다는 스피치 전체적으로 강세가 중요합니다. 말을 할 때 강세를 어디에 두느냐에 따라 청중이 받아들이고 기억하는 내용이 달라지기 때문입니다. 종종 프레젠터 중에 중요한 내용보다는 부수적인 내용에 더 강세를 둠으로써 청중들에게 자신의 스피치를 효과적으로 전달하지 못하는 경우가 있습니다. 이것은 프레젠터의 잘못된 습관 때문에 그렇습니다. 시나리오를 읽으며 녹음해보세요.

말을 할 때는 자신이 강조하고자 하는 중요한 단어와 구에 강세를 주어야 합니다. 강세는 문장의 위치에 따라 결정되는 것이 아니고, 내용상 얼마나 중요하냐에 따라 결정됩니다. 흔히들 강조라고 하면 소리를 크게 내는 '높임강조' 만을 생각하나, 중요한 부분을 보통보다 목소리를 더욱 낮추어 표현하는 '낮춤강조' 도 있습니다. 소리의 크기와 마찬가지로 강세 없음이 강조가 될 수 있죠.

원칙적으로 말의 한 구절이나 전체는 보통으로 표현하고 그 중에서 자신이 강조하고자 하는 중요한 단어나 구에 강세를 주어야 합니다. 또한 명사, 동사, 부사, 형용사 등을 강조하고 대명사, 조사, 조동사, 접속사 등은 비교적 약하게 발음합니다. 그런데 언어 습관 때문에 조사나 접속사에 강세를 두는 프레젠터가 의외로 많습니다. 전체적으로 들으면 쓸데없는 강조가 돼서 정작 들려야 할 핵심 단어가 들리지 않는 경우도 많습니다. 반드시 주의해야 합니다.

＃ 쉬기(pause)

쉬기는 프레젠터의 능숙함과 자신감을 판별하는 척도입니다. 직접 컨설팅을 해보면 빨리 말하는 프레젠터들이 정말 많습니다. 특히 중반 이후에는 폭주기관차처럼 돌진합니다. 연습할 때와 다르게 실전에서는 시간이 더 부족합니다. 시계를 준비한 경우에는 계속 신경이 쓰여서 말도 더욱 빨라지게 됩니다. 포즈는 속도와 함께 말의 템포(tempo)를 결정합니다. 긴장해서 말이 빨라지면 쉬기를 하지 못하고 그 다음 문장까지 빨라지는 악순환에 빠지게 됩니다. 그러면 발음이 꼬이기 시작하고 얼버무리게 되죠.

쉬기는 또한 청중들에게 생각할 시간을 줍니다. 청중들은 정보 과잉이 되면 부담스러워하고 정보 이해를 포기하고 맙니다. 쉬기는 프레젠터가 안정적으로 말할 수 있도록 유지해주며, 청중들에게는 주제에 대해 생각할 시간을 벌어주는 역할을 합니다.

그리고 쉬기는 강조의 역할을 하기도 합니다. 강조하고자 하는 단어 바로 앞에서 쉬기를 길게 하면 사람들은 집중하게 되죠. 시나리오에 어디서 쉬어야 할지 반드시 표시하십시오. 특히 주제가 바뀌는 부분이나 강조할 내용이 나오는 경우, 마지막 결론 직전에 반드시 쉬기 바랍니다. 실전에서는 통제가 되지 않기 때문에 시나리오에 쉬는 부분을 반드시 표시해야 합니다.

\# 억양, 리듬

소리의 높낮이, 강세, 쉬기 등에 따라 종합적으로 생기는 것이 억양입니다. 궁극적으로 모든 유사언어의 요소를 잘 이용할 때 좋은 억양이 나옵니다. 아나운서의 음성을 들으면 자연스럽고 부드럽게 들리지 않나요? 이상적인 억양은 음악처럼 리듬이 있어야 합니다. 프레젠테이션을 할 때도 자연스러운 흐름이 중요합니다. 일정한 운율과 흐름 속에서 사람들은 경쾌함을 느낍니다. 자연스러운 흐름이란 파도 모양입니다. 잔잔한 파도 모양 말이죠.

우리 말은 앞에 강세가 있습니다. 그리고 그 다음 음절은 약해지죠. 그런데 뒷 음절에 강세를 준다거나 중요하지 않은 조사 부분에 강세를 주면 자연스러운 파도 모양은 무너집니다. 〈대한 뉴스〉 기억나시죠? 예전에는 평평하게 말하는 것을 좋은 것으로 생각했습니다. 하지만 우리 일상생활 속의 말투를 보면 일정한 리듬이 있다는 것을 느끼실 겁니다. 자연스러운 리듬은 '조' 입니다. 그 '조' 가 보통 사람들이 들었을 때 거부감이 없으면 됩니다.

특히 단절된 말투, 과장된 말투, 어색한 말투는 피해야 합니다. 단절돼 있다는 것은 한 호흡에 길게 말하지 못해 리듬이 토막진다는 뜻입니다. 과장된 말투는 강세를 줄 때 너무 힘을 줘서 부자연스러운 것을 말합니다. 어색한 말투는 불필요한 곳에서 억양을 잘못 올려 자연스러운 리듬이 되지 못하는 것입니다. 억양은 많이 읽는 것에 비례해 발전합니다. 그리고 반드시 모니터가 수반되어야 합니다.

⑤ 종합적인 음성 훈련 방법

- 반드시 녹음기나 보이스펜을 활용해야 합니다.
- 한 호흡에 가급적 많이 읽는 연습을 하시기 바랍니다.
- 파도 모양의 리듬감이 생기도록 읽으세요. 불필요한 부분(종결어미, 조사 등)에 강조를 하면 안 됩니다.
- 최소 2분 정도 시나리오를 읽고 모니터 후 다시 읽으시기 바랍니다. 그 시나리오를 반복 읽기보다는 새로운 시나리오를 읽으세요.

다음은 건설 프레젠테이션에서 실제 사용한 원고입니다. 직접 연습해보면서 억양 변화를 주시기 바랍니다. 사선(/)은 끊어 읽기를 표시한 것입니다. 사선이 두 개(//)면 더 많은 쉼이 필요합니다. 굵은 글씨는 강조하고자 하는 키워드입니다. 이 키워드 앞에서는 충분히 쉬어주어야 합니다.

강조	상황	주안점(첫째, 둘째 등), 컨셉 설명, 키워드 등
	방법	속도를 줄이고 강하고 크게, 스타카토 형식으로
설명	상황	각 분야별 나열(기계 설비, 조경, 전기 등)
	방법	한 호흡에 많이 읽고 강조할 곳만 느리고 힘 있게. 발음 명확
비교	상황	선정 안과 상대 안 비교 시
	방법	서로 차별화되도록 감정을 실음. 형용사 강조(확실히-, 결정적-)
묘사	상황	지형 설명, 상상할 수 있는 조감도 등
	방법	말을 느리게 하며 완급 조절, 포즈 활용

＃강조

저희 설계의 개념, // 초대입니다. 주변 자연과 한강 조망이 가능한 최고의 주거 공간인 초대의 / 주요 컨셉 // 3가지를 보시겠습니다.

첫째, // 이웃과 함께하는 진입광장입니다.
보행 진입부에 대형광장을 계획해서 /
편리함과 개방감을 갖도록 했습니다.

둘째, // 테마가 있는 수로변의 전경입니다.
수로를 따라 펼쳐진 커뮤니티로 /
자연친화형 수공간을 조성했습니다.

셋째, // 커뮤니티가 있는 중앙광장입니다.
수영장 등 / 다양한 시설이 있는 커뮤니티 계획으로 //

188

광장의 활성화를 유도했습니다.

설명

기계설비 계획입니다.

자연 에너지를 활용한 /**친환경 주거단지**를 구현했습니다.

지하주차장의 자연대류환기로 에너지를 절감한 / **에코타워**, //

지열히트펌프 등의 **신재생 에너지 적용**, //

빗물 활용 시설로 / 수자원을 절감했습니다.

전기정보통신 계획입니다.

편리하고 안전한 홈네트워크 시스템을 구현했으며, //

실시간 위치 인식 서비스를 적용했습니다.

다양한 예비전원 확보로 /

중단 없는 전력 공급이 가능하며, //

입체적인 통합 방범으로 //

안전한 주거단지를 조성했습니다.

비교

대안 1은 //

본관동이 보호동산을

벽처럼 감싸고 있어서 //

경관과 녹지의 흐름을 / **차단합니다.**

훈련 시설은

생활관에서 **1km 이상 이격**되어 있어 //

눈비가 내리는 악천후 시, //

학생들은 비를 맞으며 이동해야 하므로 //

열악한 보행환경을 갖습니다.

또한, / 대운동장이 전면에 배치되어 //

수려한 오천저수지가 활용되기 어렵습니다.

대안 2는 //

대지 안쪽 계곡에 // 본관동이 배치되어 있어 //

진입 시 / 본관동이 보이지 않아 //

상징성과 인지성이 부족하고 /

대운동장이 주요 시설과 떨어져 있어 //

이용이 매~우 불편합니다.

♯ 묘사

안녕하십니까? / 00 컨소시엄에서 설계를 총괄한 김은성입니다.

저희 계획안을 설명드리겠습니다.

요즘 많이 더우시죠?

더운 여름철 도시의 빌딩숲 속에서 / 우리 모두는 한 번쯤

이런 삶을 상상했습니다.

아침에 창문을 열면 / 시~원한 한강의 모습과 //

뒤로는 사계절 변화하는 산의 모습이 보이는 곳 //

낮에는 앞마당에서 마음껏 뛰어 놀고 //

잠자리를 잡는 아이들의 모습을 바라볼 수 있는 곳 //

저녁에는 산책로를 따라 조깅을 하며 /

흘린 땀을 수영장에서 식힐 수 있는 곳 //

이런, 상상하는 모든 것이 현실이 되는 곳으로 //

여러분을 안내하겠습니다.

⑥ 목소리 관리

여러분이 음성적으로 자신이 없고 안정되어 있지 못하다면 반드시 목소리 준비운동을 해야 합니다. 준비 없이 무리하게 말을 할 경우 성대는 큰 무리를 받게 됩니다. 소리는 근육운동을 통해 이루어집니다. 따라서 근육 관리가 중요합니다. 근육은 80%가 물이고 나머지는 단백질, 소량의 염분으로 이루어져 있습니다. 근육은 젤리와 같습니다. 따라서 적절한 준비운동을 통해 몸의 근육을 이완시켜야만 좋은 소리가 나오며 성대에 무리가 가지 않습니다. 통상 아침 기상 후 여섯 시간 정도 지나야지만 일정한 소

리가 나온다고 합니다. 따라서 아침에 무리하게 연습하는 것은 좋지 않습니다.

항상 목을 따뜻하게 유지하는 것이 좋으며 물을 자주 마시는 것도 좋습니다. 아나운서들은 뉴스를 할 때 항상 물을 마십니다. 목에 충분한 수분을 공급하는 것이 중요합니다. 물은 찬물보다는 미지근한 물이 좋습니다. 또한 발표 전에 성대가 있는 목 주변을 만져주며 마사지하는 것도 필요합니다. 이런 마사지는 성대 주변의 근육을 이완시키는 데 어느 정도 도움이 됩니다. 목이 갈라지고 안 풀린 상태라면 저음에서 고음으로 허밍을 반복적으로 하는 것도 좋습니다. 엔진 예열하듯이 미리 성대를 움직여주는 겁니다. 또한 목 주변을 좌우로 돌리며 근육이완을 하는 것도 좋습니다. 특히 턱을 내리며 소리를 내면서 성대의 위치가 안정되도록 노력해야 합니다.

프레젠테이션 전날 밤에는 절대 무리하면 안 됩니다. 충분한 수면과 수분 공급을 통해 발성기관이 쉬도록 해줘야 합니다. 부담감 때문에 늦게까지 연습하는 경우가 많은데 그러면 당일 목 상태가 엉망이 됩니다. 전날에는 실전처럼 2, 3번 한 후 나머지는 작은 소리로 말하며 동선만 확인하는 것이 좋습니다.

당일 아침에는 가볍게 목을 마사지하고 허밍을 하는 것이 좋습니다. 발성보다는 발음 연습을 해서 입을 부드럽게 할 필요가 있습니다. 좋은 발성을 위해서는 원칙적으로 밥을 먹지 않는 것이 좋습니다. 과식해서 복부가

팽창되면 복식호흡의 중요기관인 횡격막이 처져 움직이지 않기 때문입니다. 그렇다고 밥을 안 먹는다면 힘이 떨어지겠죠. 적당량의 식사를 통해 균형을 유지하는 것이 필요합니다.

좋은 소리를 유지하기 위해서는 술과 담배를 멀리하는 것이 좋습니다. 담배는 성대를 붓게 만들고 술은 성대를 충혈시켜 성대에 무리가 가기 때문입니다. 스트레스를 피하고 적절한 운동을 통해 건강을 유지할 필요가 있습니다. 한마디로 건강한 신체에서 건강한 소리가 나옵니다.

비언어적 요인

스티브 잡스는 항상 프레젠테이션을 할 때 흰색 운동화에 청바지, 검은색 계열의 폴라티를 입습니다. 2010년 6월의 여름 날씨에도 같은 의상을 입었죠. 만약 여러분이 이 복장을 하고 중요한 경쟁 프레젠테이션을 한다면 어떨까요? 물론 스티브 잡스보다 더 기발하고 멋지게 해낸다면 문제는 없겠지만, 너무 캐주얼한 복장 때문에 반감을 살 수도 있습니다.

스티브 잡스의 의상은 전략적입니다. IT CEO의 자유로운 상상력을 보여주고 애플 제품의 친근함을 부각시키죠. 이런 전략적 접근은 축적이 돼서 그의 트레이드 마크가 되었습니다. 하지만 우리가 갑자기 공식 프레젠테이션 자리에서 이런 캐주얼 복장을 한다면 준비 소홀, 상황 판단 미흡, 불손이라는 이미지를 줄 수도 있습니다. 결국 비언어적 요소는 상황 의존적입니다.

아무리 멋진 말로 프레젠테이션을 진행한다 하더라도 계속 허공을 보며 뒷짐을 지고 있다면 좋은 인상을 줄 수 없습니다. 앞서 강조한 것처럼 스피치는 이미지입니다. 사람들은 처음부터 모든 것을 분석적으로 받아들이는 것이 아닙니다. 그냥 느낄 뿐입니다. 미국의 인류학자인 버드 위스텔(Birdwhistell)은 동작언어(목소리 포함)의 메시지 전달 양을 65~70%, 언어적 요소는 30~35%라고 발표했습니다. 비언어적 요소가 언어적 요소 이상으로 중요하다는 겁니다. 저는 프레젠테이션을 컨설팅할 때 움직이는 동선을 아주 중요시합니다. 프레젠터가 무대를 장악하고 움직이면 청중들에게 역동성을 줄 수 있기 때문입니다.

소리도 좋고 아나운싱 능력도 좋은 프레젠터로 기억이 됩니다. 시나리오 낭독 연습을 할 때는 무난했는데 슬라이드를 설명하고 움직이는 비언어적 요소, 몸짓언어 훈련을 할 때 문제에 부딪쳤습니다. 일단 몸 자체가 너무 경직되어 있었고 무대 한쪽에서 다른 쪽으로 걸어가며 슬라이드의 중요한 부분을 가리키는 제스처가 있었는데, 무대에서 너무 어색하게 걷는 것이었습니다. 연습할 때 이 정도면 실제로 프레젠테이션을 할 때는 걷지도 못할 것 같았습니다. 여러 번 연습을 했지만 그 어색함을 극복하지 못하고 결국 한쪽 무대에서만 프레젠테이션을 했습니다.

음성적 요인 훈련도 힘들지만 비언어적 훈련 역시 힘듭니다. 비언어적 요소는 본능적인 부분이 많기 때문입니다. 자기는 인지하지 못하고 있지만 캠코더로 찍어보면 부적절한 몸짓언어를 하는 자신의 모습을 발견할

194

수 있습니다. 한마디로 정리하면 언어적 요소가 정확성이라면 비언어적 요소는 신뢰성입니다. 나는 정직하다고 말을 하면서 식은땀을 흘리는 용의자는 의심을 받게 되어 있습니다.

① 비언어의 원리

영화 〈향수 : 어느 살인자의 이야기〉를 보면 주인공이 이런 말을 합니다. 세상의 향기와 냄새는 너무나 많은데 그것을 표현하는 것이 한정되어 있다고 말이죠. 우리가 갈등과 오해를 겪는 것은 언어와 비언어가 통합되지 못하기 때문입니다. 얼굴을 보고 이야기하는 것보다 문자 메시지나 전화를 통해 이야기할 때 오해를 하는 경우가 상대적으로 많은 것은 바로 그런 이유 때문입니다. 언어와 비언어가 충돌하거나 적절히 동시에 전달되지 못해 갈등을 겪는 겁니다. 프레젠테이션은 오해나 갈등 없이 청중에게 프레젠터의 메시지를 명료히 전달해야 합니다. 그러기 위해서는 언어뿐 아니라 비언어도 신경을 써야 합니다.

비언어는 우선 본능성을 가집니다. 당황하거나 예상치 못한 상황에서 자기도 모르게 나타납니다. 이야기를 하다가 생각이 나지 않으면 많은 사람들은 허공을 봅니다. 어떤 사람은 머리를 긁적이거나 눈을 심하게 깜박거립니다. 프레젠테이션은 종합예술이자 공연입니다. 리허설을 할 때 시나리오의 내용만큼이나 프레젠터의 비언어적 요인들에 신경을 써야 합니다. 따라서 캠코더 녹화는 필수입니다.

비언어는 완결성이 중요합니다. 제스처를 할 때 말씀을 드리겠지만 가장 좋지 못한 행동은 얼버무리는 동작입니다. 자신감을 가지고 동작들이 이어져야 하는데 자신이 없으면 자기도 모르게 제스처가 어정쩡해 보입니다. 방송에서 가장 안 좋은 비언어는 눈치를 보는 겁니다. 생각해보세요. 뉴스 앵커가 눈치를 보며 뉴스를 진행하면 신뢰감이 떨어질 겁니다. 가급적 비언어적 동작들이 완결되고 다음 동작으로 이루어지도록 노력해야 합니다.

비언어는 균형성이 필요합니다. 습관적으로 오른쪽 손만으로 제스처를 하는 사람들이 상당히 많습니다. 제스처의 반신불수이죠. 이런 사람들은 자신이 그렇게 하고 있다는 것을 깨닫지 못합니다. 동일한 동작의 반복은 아주 우스꽝스럽습니다. 오른손으로 제스처를 했다면 다음에는 왼손이 동작을 취하도록 연습해야 합니다.

비언어는 유연성이 필요합니다. 예전 웅변을 하는 사람들을 보면 몸짓이 어색하고 단절된 느낌이 들었습니다. 절도가 있다는 것으로 미화됐죠. 비언어적 요소는 자연스러워야 합니다. 몸짓언어가 자연스럽게 전달되어야 합니다. 주변에서 자신감 있고 적극적인 사람들을 보면 거의 다 자연스러운 제스처를 많이 사용하는 것을 알 수 있습니다.

비언어는 동시성이 필요합니다. 언어와 함께 적절히 사용해야 합니다. 비언어는 때로는 언어적 내용을 강조하거나, 보완하거나, 반대되는 것들을 보여줍니다. 그런 비언어를 통해 청중들은 보다 생생한 정보를 얻을 수 있습니다. 물론 극적 강조를 위해 비언어를 먼저 사용하는 경우도 있습니다. 예를 들어 이 제품의 특징이 3가지가 있다는 것을 강조하기 위해 먼저 '3'이라는 숫자를 손가락으로 만들고, 잠시 후 '3가지'를 말하는 경우도 있습니다. 하지만 언어를 먼저 사용하고 나중에 비언어를 사용하는 경우는 없습니다.

② **무대에서 인사하는 법**

프레젠터를 호명하는 순간부터 프레젠테이션이 시작됩니다. 더 폭넓게 본다면 장소에 도착하는 순간부터라고 할 수 있겠네요. 호명이 되고 무대에 나오는 그 순간부터 프레젠테이션이 시작됩니다. 아나운서 1차 시험은 카메라 테스트입니다. 한 번에 5명씩 들어가 뉴스를 30초 정도 읽는 시험입니다. 심사위원석에 앉아보면 사람들의 일거수일투족이 다 눈에 들어옵니다. 아니 이상한 것들이 더 도드라져 보이죠. 뉴스를 읽은 후 한숨을 쉬고 고개를 숙이고 있다거나, 들어올 때 앞사람과 잡담을 한다거나 하는 모습은 금방 눈에 띕니다. 이미지가 남는다는 거죠.

무대에 나오는 과정 역시 보고 있는 청중들이 분명히 있습니다. 미스코리아 걸음걸이까지는 아니더라도 가벼운 미소와 함께 당당하게 나올 필요가 있습니다. 이런 행동은 다른 사람에게 좋은 이미지를 줄 뿐만 아니라 자기 자신에게도 용기를 주는 행동입니다. 호명이 되면 웃는 모습으로 청중들을 가볍게 보며 당당히 무대에 나섭니다. 절대 급하게 움직이지 마십시오.

연단에 도착하면 여유로운 마음으로 먼저 시나리오를 올려놓습니다. 어떤 프레젠터는 자료를 손에 들고 인사한 후 연단으로 이동하는데 좋은 행동은 아닙니다. 먼저 자료를 두고 마이크의 위치를 확인한 후 인사를 하면 됩니다.

인사를 할 때도 벌어진 양복 상의의 단추를 하나만 채우고 정중히 인사하면 됩니다. 허리를 90도까지 구부릴 필요는 없습니다. 청중들에게 과하지도 부족하지도 않은 정중함을 보여주면 됩니다. 연단의 높이가 프레젠터의 허리 부분 이상이라면 연단 옆으로 살짝 움직여 인사를 하는 것이 좋습니다. 인사를 한 후 가볍게 연단으로 이동해 프레젠테이션을 시작합니다. 절대로 서두르지 마십시오. 본인의 준비가 다 된 후 인사하고 시작하면 됩니다.

③ 제스처

제스처는 평상시 연습이 중요합니다. 습관적이고 반복적인 특징이 있어서 짧은 기간 훈련을 한다고 해서 좋아지는 것이 아닙니다. 제스처를 할 때 중요한 것은 기준 동작입니다. 본인의 체형에 따라 손을 잡는 것이 좋은 사람이 있고 차렷 자세로 손을 내리는 것이 좋은 사람이 있습니다. 단 손이 얼굴 쪽으로 너무 올라가 있다면 문제가 있습니다.

카메라 녹화를 통해 자신의 기본 자세를 반드시 체크해봐야 합니다. 어떤 사람은 습관적으로 뒷짐을 지는 경우가 있습니다. 이것은 건방져 보일 수 있습니다. 어떤 책에서는 차렷 자세가 가장 좋은 자세라고 하지만 제가 해보고 관찰해본 결과 차렷 자세는 사람을 더 긴장시키고 위축시킵니다. 차라리 손을 앞으로 가볍게 잡고 있는 편이 좋습니다. 이 자세를 차렷 자세와 교대로 하는 것이 가장 이상적입니다.

기본 자세가 잡혔다면 그 자세를 중심으로 제스처가 균형스럽게 움직이도록 하십시오. 사람들은 모두 자신만의 독특한 제스처가 있습니다. 평소 연습 시 말을 하면서 손을 풀어주는 연습을 하시기 바랍니다. 보통 제스처를 하려다가도 움찔하는 경우가 많은데 자신감을 가지고 손이 자연스럽게 움직이도록 하시기 바랍니다. 인위적으로 제스처를 만드는 것보다는 자신이 가진 제스처를 자연스럽게 개발하는 것이 더 효과적입니다.

제스처는 완성해야 합니다. 앞으로 내밀었다가 그냥 얼버무리면 청중 입장에서는 자신감이 없어 보입니다. 제스처 후 기본 자세로 돌아오든지, 아니면 다른 제스처로 자연스럽게 이어져야 합니다. 당연히 말과 함께 해야 하며 양손이 고루 움직일 수 있도록 균형성에도 신경을 써야 합니다. 특히 오른손잡이는 오른손을 의미 없이 흔들게 되는데 조심해야 합니다. 유연성 면에 있어서는 직선보다는 곡선이 훨씬 좋습니다. 제스처를 할 때 절대로 볼펜을 손에 끼지 마십시오. 자기도 모르는 사이 청중들에게 볼펜으로 삿대질을 할 수도 있습니다.

다음과 같은 제스처가 하나의 샘플이 될 수 있을 겁니다. 제스처는 고정

된 것이 아니라 자신의 체형과 스타일에 맞게 하는 겁니다. 몇 가지 활용

할 만한 제스처를 제시하겠습니다.

◀ 발성에 좋은 기본 자세
: 두 다리를 11자로 한 상태에
서 한 발을 살짝 앞으로 내민
다. 엉덩이와 등은 일직선,
어깨는 고정, 시선은 15도 정
도를 보며 살짝 웃는다.

◀ 매력도, 호감을 높일 때
: 자연스럽게 앞머리를 만진
다. 너무 지나치면 느끼하다.
특히 개인적 이야기를 할 때
하면 효과적이다.

◀ 동의를 구하거나 질문을 던질 때
: 한 손을 뻗어 사람을 가리킨다.
시선은 상대를 본다.

◀ **다른 것과 비교할 때**
: 우리 것은 앞쪽에서 원으로 표시하고,
다른 쪽은 옆으로 상체만 돌려 표시한다.

◀ **강조할 때**
: 심장 부분까지 오른손을
올리고 집게손가락 표시를
한다. (아니면 손을 펼치고
살짝 흔든다.)

◀ **크기를 표시할 때**
: 중앙에서 원을 천천히
크게 한다.

◀ **단계적 1 · 단계적 2 계단 형식**
: 계단 모양으로 손을 움직이며 단계를 구분한다.

기본적으로 제스처는 어깨 테두리 안에서 하는 것이 좋습니다. 하지만 예외는 있죠. 바로 슬라이드의 중요한 부분을 가리키며 강조할 때입니다. 슬라이드 안에 들어가 빛을 받는 것은 때로는 강한 임팩트를 줄 수 있습니다. 제스처가 레이저 지시기 몇 배의 효과를 낼 수 있습니다. 비주얼 자료 설명 때 자세히 알려드리겠습니다.

④ 눈맞춤(eye-contact)

눈맞춤에는 2가지 기능이 있습니다. 우선 눈맞춤은 프레젠터의 열정과 진심을 보여주는 창입니다. 시나리오와 대화하는 프레젠터는 아무리 잘해봐야 절반의 성공밖에 할 수 없습니다. 청중과의 눈맞춤은 심지어 관계 형성도 가능합니다.

다음 기능은 청중의 상태를 파악할 수 있다는 것입니다. 시계를 보거나 휴대전화를 만지작거리는 것은 여러분의 프레젠테이션에 흥미가 없다는 것을 보여주는 증거입니다. 상위인지 능력이 뛰어난 사람은 여러 가지 방법을 통해 집중도를 높이겠죠.

여러분도 경험해보셨겠지만, 사람의 눈을 보고 이야기하는 것은 상당한 내공이 필요합니다. 30명이 넘는 프레젠테이션이라면 무대에서 볼 때 뒤쪽 벽 중간에 가상의 점을 찍어두시기 바랍니다. 그곳을 베이스캠프로 해서 시선을 배분할 수 있습니다. 이야기를 생각하거나 별로 중요하지 않은 부분에서는 가상의 점을 보고 있다가, 중요한 부분이나 청중의 설득을 구하고자 할 때 시선을 청중에게 향하면 됩니다.

청중석을 3등분 정도로 하는 것이 효과적입니다. 중앙점(주로 시계가 있는 위치)을 중심으로 하되 3등분한 곳으로 시선을 이동해 그곳의 한 사람과 눈맞춤을 하면 됩니다. 시선은 먼 사람부터 보면서 전체를 아우르고 가까운 사람으로, 다시 먼 사람으로 이동하는 것이 효율적입니다. 공식화시키는 것은 아닙니다. 반복 연습을 하다 보면 자연스럽게 시선 배분이 가능합

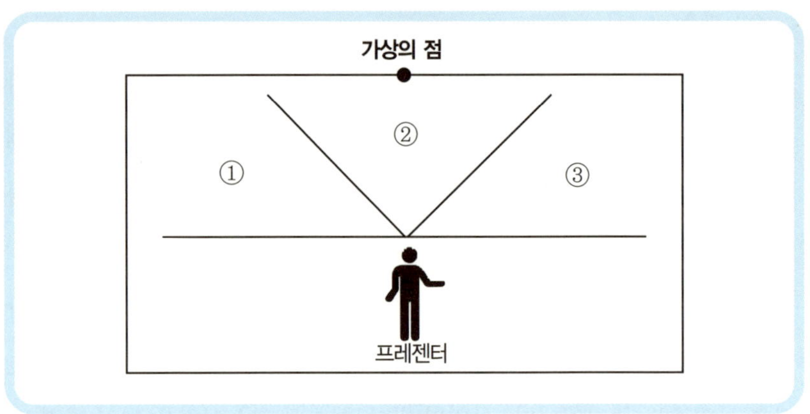

니다.

만약 인원이 300명이 넘는다면 사람과 눈을 맞추기가 어려울 때도 있습니다. 청중석이 어둡다면 더욱 그렇겠죠. 그때는 그룹을 본다는 느낌으로 시선을 처리하면 됩니다. 만약 사전에 의사결정권자를 알고 있다면 그 사람을 집중적으로 볼 필요가 있습니다. 계속 보라는 것은 아닙니다. 골고루 보되 강조하고 싶은 부분이나 청중의 반응이 좋을 때 이야기를 이어가며 의사결정권자를 보면 효과적입니다. 청중의 좋은 반응을 의사결정권자 역시 흐뭇하게 보고 있을 때 눈으로 자신의 능력을 의사결정권자에게 다시 한 번 각인시키는 효과가 있습니다.

만약 청중들이 15명 안쪽으로 소그룹이라면 보다 정교한 테크닉이 필요합니다. 기본적으로 프레젠테이션이 모두 끝났을 때 모든 사람과 한 번씩은 눈맞춤이 이루어져야 합니다. 형식적인 눈맞춤이 아니라 나의 메시지가 전달됐는지 확인을 해야 합니다.

특히 좁은 공간에서 적은 사람과 눈맞춤을 할 때에는 보는 각도가 중요합니다. 1 대 1로 사람을 볼 때 두 눈을 다 보면 서로 부담스럽습니다. 두 눈을 다 보는 것이 아니라 상대방의 한쪽 눈만 보는 겁니다. 눈과 쇄골 사이를 보며 고개를 끄덕거려도 상대방은 자신을 보고 있다고 생각합니다.

1 대 1 눈맞춤에서 신경을 써야 할 것은 무의식적으로 고개를 돌리는 행위입니다. 프레젠터가 의식 못한 상태에서 갑자기 고개를 돌리면 상대방은 자신을 무시한다는 느낌을 받을 수 있습니다. 눈을 맞추는 것도 많은 연습과 훈련이 필요합니다. 사람들과 대화할 때, 회의를 주재할 때, 발표를 할 때 청중들과 호흡하는 방법을 시도해보기 바랍니다. 많은 연습만이 자연스러운 눈맞춤을 가능하게 합니다.

앞서 말씀드린 것처럼 눈맞춤을 통해 청중들의 상태를 파악할 수 있습니다. 훌륭한 프레젠터는 청중 상태를 파악해가며 완급 조절을 합니다. 우선, 고개를 끄떡이고 있다는 것은 아주 긍정적인 신호입니다. 프레젠테이션 시 이런 동작을 목격한다면 보다 자신감을 가지고 공격적으로 접근할 필요가 있습니다. 그런데 청중들이 계속해서 고개를 끄덕이고 있다면 문제가 달라집니다. 프레젠터의 내용을 알고 있으니 빨리 다른 이야기를 해달라는 신호입니다. 지금은 건성으로 듣고 있다는 표시입니다. 단지 프레젠터와의 관계를 생각해 듣고 있는 중이라는 뜻입니다.

만약 눈을 감고 있거나 팔짱을 끼고 있다면 자신만의 생각을 하고 있다는 표시입니다. 물론 눈을 감았다는 것은 흥미를 잃어 포기하고 숙면을 취하고 있다는 표시일 수도 있습니다. 다리를 꼬고 있다면 편안한 분위기로 여유가 있다는 표시입니다. 그런데 자주 다리를 바꾸어 꼰다면 자리가 불편해서 집중이 되지 않는다는 뜻입니다. 메모를 하며 옆 사람과 웃고 있다면 여러분은 긴장해야 합니다. 여러분의 주제가 매력적이지 않아 여러분을 비웃거나 다른 계획을 짜고 있다는 뜻입니다. 휴대전화로 메시지를 보내고 있거나 혼자 계속 메모를 하고 있다거나 시계를 본다는 것은 관심이 없고 빨리 끝나기를 바란다는 신호입니다. 특히 멍하니 한 곳을 보고 있다는 것은 정신이 딴 곳에 가 있다는 증거입니다. 이런 신호를 보낼 때는 강한 임팩트를 통해 청중들의 관심을 불러일으켜야 합니다. 그럴 자신이 없다면 프레젠테이션을 끝내는 편이 좋습니다. 계속 해봐야 여러분은 지루한 사람으로만 각인되기 때문입니다.

⑤ 표정

표정에 대해서는 제가 드릴 말씀이 별로 없습니다. 왜냐하면 제 표정도 그리 좋지 않기 때문입니다. 뉴스 앵커만 14년을 하다 보니 근엄한 표정에 익숙합니다. 프레젠테이션에서의 표정은 자신감이 중요합니다. 자신감이 있으면 표정이 풍부할 수밖에 없습니다. 주제에 따라 다르겠지만 대부분 확신에 차고 밝은 표정이 좋겠죠? 공신력에서 살펴봤듯이 웃는 모습은 사람을 매력적으로 보이게 만듭니다. 표정도 다양한 얼굴 근육에 의해 만들

기본적 여섯 감정의 얼굴 표정

감정	윗부분	중간부분	아랫부분
놀람	눈썹 올라감 이마 주름 형성	크게 뜬 눈 : 위쪽 눈꺼풀 올라가고 아래쪽 눈꺼풀 내려감	턱 내려감 입술과 치아 드러냄
두려움	눈썹 올라가고 몰림 이마 중간에 주름 형성	위쪽 눈꺼풀 올라감 눈꺼풀 올라가고 팽팽해짐	아래쪽 입 벌어짐 입술 팽팽해지고 뒤로 약간 당겨짐
혐오감	눈썹 내려감	코 구겨짐 / 볼 올라감	위쪽 입술 올라감
분노	눈썹 내려가고 몰림	눈꺼풀 팽팽해짐 눈 튀어나옴	콧구멍 넓어질 수 있음 입술 다물거나 팽팽하고 벌어짐
기쁨	나타나지 않음	볼 올라감, 아래쪽 눈꺼풀 올라감 눈 주위와 밑에 주름 형성	입 모서리 뒤로 잡아당겨짐 입 주위에 주름 형성
슬픔	안쪽 눈썹 모서리 올라감	위쪽 눈꺼풀 모서리 올라감	입 모서리 내려감

자료 : Ekman & W. V. Friesen, Unmasking the face(1975)

어집니다. 미국 캘리포니아 의대 폴 에크만(Paul Ekman) 교수의 6가지 기본 표정은 여러분이 표정 연습을 할 때 좋은 지침이 될 것입니다. 본인의 얼굴이 경직되어 있다면 표정 연습을 해보세요. 저도 하고 있습니다.

⑥ 몸 움직임

프롬프터를 알고 계시죠? 뉴스 앵커도 활용하지만 대통령 같은 정치 지도자들이 최근 많이 사용하고 있습니다. 원고를 보고 읽는 것이 아니라 유리 같은 투명 화면에 글씨가 투영되고, 그것을 보고 읽는 겁니다. 그러면 사람들은 말하는 사람이 원고를 보고 말하는 것이 아니라 자연스럽게 말하는 것이라 생각합니다.

최근 한 정치인이 프롬프터를 이용해 연설하는 것을 봤습니다. 어찌나 우스꽝스럽던지……. 프롬프터를 처음 사용하는 사람 같았습니다. 경직된 차렷 자세에서 고개만 급하게 움직이며 빠른 속도로 읽어내려 갔습니다. 누가 보더라도 원고를 읽는 것처럼 보였습니다. 허공의 원고를 말이죠. 원고 읽는 티를 내지 않기 위해 고안된 프롬프터라는 장치를 제대로 활용하지 못하는 경우입니다. 뉴스 앵커를 보더라도 경력이 많지 않은 앵커들은 입만 움직입니다. 그만큼 긴장되고 경직되어 있다는 증거죠. 하지만 경력이 많은 앵커는 입뿐만 아니라 몸 전체가 움직입니다. 자연스럽게 말이죠.

프레젠터 역시 시나리오를 읽거나 말을 할 때 몸 전체가 자연스럽게 움직여야 합니다. 너무 긴장하면 입만 움직이게 됩니다. 그러지 말고 고개와 머리 부분이 자연스럽게 움직이도록 내버려두십시오. 평상시 친한 친구들과 이야기할 때 내가 어떻게 말하는지 생각해보세요. 몸을 기대기도 하고 고개도 활발히 움직이며 말을 하지 않나요? 자연스럽게 하라고 해서 건들거리라는 것은 아닙니다.

물론 피해야 할 움직임도 있습니다. 우선 특정 동작을 반복하면 안 됩니다. 생각이 안 나면 본능적으로 허공을 볼 수 있습니다. 하지만 그것이 일정한 패턴으로 계속된다면 문제가 있습니다. 손동작도 마찬가지입니다. 좋은 제스처도 일정한 간격으로 반복한다면 좋은 이미지를 줄 수 없습니다. 이런 것들은 모니터를 통해 자신의 습관을 발견하는 것이 그 무엇보다 중요합니다. 그리고 의미 없는 행동이나 무례한 행동들은 피해야 합니다. 연단을 두 손으로 잡고 건들거린다거나 몸을 자주 흔드는 것은 좋지 않습니다. 넥타이를 만지거나 손을 만지작거리는 행위, 머리를 만지거나 귀를 만지는 것도 피해야 합니다. 끝으로 사물을 가지고 하는 의미 없는 움직임도 조심해야 합니다. 볼펜을 잡고 제스처를 하거나 볼펜을 계속해서 만지작거리는 것도 거슬립니다. 레이저 지시기나 보드펜을 만지는 것도 피해야 합니다.

TIP
피해야 할 움직임

몸을 좌우로 또는 앞뒤로 자꾸 흔들어대는 행위, 다리의 무게 중심을 이쪽저쪽으로 자꾸 옮기는 행위, 단추나 옷 또는 넥타이를 만지작거리는 행위, 귀를 잡거나 이마를 문지르거나 턱을 만지거나 머리를 쓰다듬는 행위, 머리칼을 뒤로 보내기 위해 고개를 갑작스럽게 젖히는 행위, 호주머니에 손을 넣었다 뺐다 하는 행위, 손을 비벼대는 행위, 팔찌나 시계 등 장신구를 만지작거리는 행위, 팔소매를 걷어 올리는 행위.

⑦ 무대 움직임(공간언어)

프레젠테이션은 한 편의 공연입니다. 그것도 청중에게 단순한 즐거움을 주는 것이 아닌 설득을 위한 공연입니다. 그렇다면 프레젠터가 할 수 있는 모든 것을 보여주어야 합니다.

공간언어라는 것이 있습니다. 에드워드 홀(Edward Hall)이라는 사회학자가 정리한 것으로 사람 사이에 심리적인 거리가 있다는 겁니다. 생각해보세요. 말하는 사람이 여러분 앞에 온다면 어떻습니까? 긴장을 하게 되지 않나요? 어찌됐든 자극이 되고 집중이 됩니다. 이 공간언어를 잘 활용하면 청중과의 거리를 적절히 유지하며 자극을 줄 수 있습니다. 공간언어는 공공 거리(3.6미터 이상), 사회 거리(1.2~3.6미터), 개인 거리(46센티미터~1.2미터), 친밀 거리(15~46센티미터)가 있습니다.

공공 거리는 대규모 프레젠테이션이 이루어지는 상황이고, 사회 거리는 소규모라고 이해하면 될 겁니다. 좋은 프레젠터는 적절히 공간언어를 활용해 완급 조절을 합니다. 처음부터 개인 거리나 친밀 거리로 다가서면 청중은 당황하거나 부담스러워합니다. 이런 방법은 극단적 자극을 주기 위해 사용할 수도 있지만 여러분의 몸매와 외모가 자신 있지 않으면 권하고 싶지 않습니다.

처음에는 공공 거리에서 공식적으로 이야기하다가 청중 반응(고개를 끄덕이거나 웃는 등 반응이 있을 때)에 따라 서서히 사회 거리, 개인 거리로 접근해보십시오. 그리고 다시 공공 거리를 유지해 프레젠테이션의 흐름을 조

	공공 거리	사회 거리	개인 거리	친밀 거리
발성	매우 중요함 ——————————————————————			미미함
친밀도	낮음 ————————————————————————————			높음
공식성	높음 ————————————————————————————			낮음

절합니다. 공공 거리에서는 공식적이거나 이성적인 이야기가, 개인 거리에서는 감성적이고 공감적인 이야기가 효과적이겠죠. 이 공간언어를 잘 활용하면 프레젠테이션이 끝났을 때 청중들은 여러분과 일정한 관계 형성이 될 겁니다. 이런 공간언어는 시스코의 존 체임버스 회장이 잘 사용합니다. 강조할 부분이 나오면 무대 밑으로 내려가 청중이 앉아 있는 곳까지 가서 눈을 맞추며 설득합니다.

무대를 폭넓게 사용하는 것이 좋습니다. 시나리오가 있는 연단을 떠나는 연습을 많이 하십시오. '돌아오지 못하는 길'이라는 우스갯소리가 있지만 무대 움직임은 여러분의 프레젠테이션을 더욱 생기 있게 만들 것입니다. 특별한 공식이 있는 것은 아닙니다.

왼쪽, 오른쪽을 고르게 배려하십시오. 중앙은 슬라이드가 있기 때문에 특별히 강조할 부분이 있을 때만 활용하시고 왼쪽과 오른쪽으로 번갈아 움직이는 것이 좋습니다. 통상 중요한 슬라이드로 바뀔 때 예고를 하며 왼쪽에서 오른쪽으로, 오른쪽에서 왼쪽으로 움직이면 좋습니다. "그럼 이번에는 왜 이 시스템이 필요한지 알아보겠습니다"라고 말하면서 자연스럽게 걷는 겁니다. 또한 질문을 하면서 무대를 가로지르는 것도 좋은 방법입니다. 질문을 던질 때 무대 왼쪽에 서 있었다면 자연스럽게 말을 하며 오른쪽 앞으로 나아가면 아주 좋습니다. 무대와 공간언어를 활용할 수 있기 때문입니다. 무대에 서 있을 때도 청중 앞으로 갔다가 뒤쪽에 있는 슬라이드로 가는 등 공간언어를 활용하시기 바랍니다.

프레젠테이션을 하다 보면 물을 마시고 싶을 때가 있습니다. 질문을 던져 답을 기다리거나 유인물의 특정 부분을 찾게 하거나, 청중에게 생각할 시간을 줄 때 자연스럽게 연단으로 움직여 물을 드시면 됩니다. 그러지 않고 말하는 도중 움직여 물을 마시면 어색한 분위기가 연출될 수도 있습니다. 방송 전 카메라 워킹을 하듯이 프레젠테이션을 할 때 움직임은 철저한 연출과 계획이 필요하다는 것, 잊지 마시기 바랍니다.

⑧ 시각 자료 설명과 레이저 지시기(clicker) 활용

시각 자료 설명하는 방법을 비언어 부분에서 하는 것은 단지 말로 하는 것보다 비언어를 섞어 하는 것이 훨씬 효과적이기 때문입니다. 시각 자료를 설명할 때는 먼저 예고하고 전체를 설명한 후 세부적인 내용을 말하는 방식이 좋습니다. 특히 수치나 도표 같은 슬라이드는 복잡해서 청중이 단번에 이해하기 어려운 부분이 있기 때문에 특별히 신경 써야 합니다. 가장 이상적인 시각 자료 설명 방법은 다음과 같습니다. 여러분도 한번 머릿속에 그림을 그려보시죠.

먼저 연단에서 어떤 내용에 대한 시각 자료인지 예고합니다. 그리고 천천히 무대 중앙으로 이동하며 시각 자료 전반을 설명하고 강조할 점을 부각시킵니다. 그리고 천천히 다시 움직이며 다음 슬라이드의 세부적인 내용을 지시기를 활용해 꼼꼼히 설명합니다. '예고 – 전체 설명 – 세부 설명'의 패턴이죠. 이런 방식이 반드시 옳은 것은 아닙니다. 단순화된 시각 자료라면 세부 설명이 필요 없으니까요. 단, 같은 내용이나 개념을 여러 장의 슬라이드로 설명해야 한다면 이런 방식이 효과적입니다. 특히 지도나 다이어그램이 있는 슬라이드에서 강조할 곳이 있다면 슬라이드 안까지 과감히 들어가십시오. 빛이 여러분을 비추어도 상관하지 마십시오. 그것 자체가 좋은 강조가 됩니다.

레이저 지시기보다 효과적인 지시기는 바로 우리 몸입니다. 슬라이드를 손으로 가리킬 때 역시 단계가 필요합니다. 우선 지시하고자 하는 곳을 시선과 함께 손으로 가리키고 고정한 상태에서 청중을 보며 이야기합니다. 그 내용을 설명하면서 자연스럽게 손을 내리면 됩니다. 그리고 제자리로 천천히 돌아옵니다. 간혹 어떤 분은 슬라이드 빛 안에서 계속 이야기를 하는데 부적절합니다. 얼굴에 슬라이드 빛이 있으면 집중도가 떨어집니다. 중요한 부분만 설명하고 바로 나오는 것이 기술입니다.

어떤 프레젠터는 손은 슬라이드를 가리키면서 원고를 보고 읽는 경우가 있는데 설득력이 떨어집니다. 자신의 시선과 같이 제스처를 하고 그곳에 고정시킨 후 청중의 눈을 보며 설득하는 겁니다. 시각 자료를 가리킬 때 손가락을 모아주면 좋습니다. 그렇다고 일부러 너무 힘을 줘서 작위적으로 손가락을 모을 필요는 없습니다. 자연스러운 것이 가장 좋습니다.

경쟁 프레젠테이션에서는 레이저 지시기를 움직이는 사람을 따로 두기도 하는데 프레젠터와의 호흡이 중요합니다. 말하는 속도에 따라 지시기도 같이 움직여야 하기 때문입니다. 요즘 지시기는 형광펜 효과를 보여주는 것이 있어 잘만 활용하면 효과가 좋습니다. 지시기를 누르고 슬라이드를 오래 가리키면 안 됩니다. 통상 말을 하면서 몸이 떨리기 때문에 지시한 곳의 레이저가 심하게 흔들리게 됩니다. 지시기로 가리킬 때는 슬라이드를 보며 충분히 강조하고, 청중을 보면서 이야기할 때는 지시기를 꺼야 합니다.

대부분 프레젠테이션을 할 때 현장에 지시기가 준비되어 있지만 자신이 쓰는 지시기를 가져가는 것이 좋습니다. 저도 프레젠테이션을 할 때는 반드시 제 지시기를 사용합니다. 그립감(grip) 자체가 안정감을 줍니다. 이런 작은 준비가 모여 큰 결과를 낳게 됩니다. 저 개인적으로는 최고의 레이저 지시기는 프레젠터의 손이라 생각합니다.

⑨ 멋진 자기 연출

최고의 시각 자료는 프레젠터 자신입니다. 프레젠터는 주연이고 슬라이드는 조연이라는 사실을 잊지 마시기 바랍니다. 아나운서 시험 날 방송국에는 수많은 아나운서 지망생들이 옵니다. 그들을 보면서 느끼는 것은 너무나 비슷한 외모를 가지고 있다는 점이죠. 찬찬히 보면 작위적인 모습들입니다. 자신만의 매력이 보여지기보다는 공장에서 만들어낸 모습 같습니다. 자신의 매력을 극대화시키는 것이 필요합니다.

저는 개인적으로 2 대 8 가르마가 잘 어울려서 뉴스를 할 때 보통 2 대 8 가르마를 합니다. 이것은 오랜 방송생활과 모니터를 통해 얻은 결과입니다. 여러분도 평상시에 어울리는 의상, 헤어 스타일, 장신구 등을 찾아야 합니다. 프레젠테이션의 기획과 구성도 중요하지만 이런 자기 연출도 필요합니다. 여기서 외모나 몸매는 이야기하지 않겠습니다. 중요한 점은 자신의 매력을 극대화해야 한다는 점 그리고 깔끔하고 세련되어야 한다는 점입니다.

사람마다 자신에게 어울리는 스타일과 색깔의 의상이 있습니다. 일반적으로 피부가 하야면 모든 색상이 무난합니다. 얼굴이 검은 사람이 너무 밝거나 너무 검은 의상을 입는다면 더 검게 보입니다. 스타일 역시 양복이 원 버튼, 투 버튼, 쓰리 버튼인지, 허리가 들어갔는지에 따라 달라집니다. 뚱뚱한 사람이 허리가 들어간 양복을 입는다면 부담스럽겠죠. 가급적 다양한 옷을 입고 리허설을 할 필요가 있습니다. 주변 사람들의 도움을 받아 자신에게 어울리는 색상과 스타일을 결정해야 합니다. 일반적으로 투 버튼에 짙은 색 양복이 좋습니다. 흰 드레스 셔츠에 단색(노랑, 파랑, 핑크빛) 넥타이는 세련되고 깔끔한 느낌을 줍니다.

여성의 경우도 마찬가지입니다. 바지 정장과 치마 정장 중 자신에게 어울리는 옷이 무엇인지 자신이 아닌 주변 사람의 냉정한 평가가 필요합니다. 모 여자 아나운서는 청바지를 입고 아나운서 시험에 응시해 합격했습니다. 심사위원이 왜 청바지를 입고 왔는지 물어봤는데 그 아나운서는 자신을 가장 잘 보여주는 것이 청바지라고 이야기했다고 합니다. 여러분을 가장 잘 보여주는 의상은 무엇입니까? 모르겠다면 방송과 잡지의 여러 스타일을 보면서 감각을 익힐 필요도 있습니다. 가장 중요한 것은 자신의 스타일을 찾는 일입니다.

모 기업의 컨설팅을 할 때 일입니다. 개인적 사정으로 최종 발표 1주일 전에 컨설팅을 마쳐서 제반사항을 꼼꼼히 체크하지 못했습니다. 나중에 이겨서 뒤풀이를 하는 자리에서 프레젠터와 이야기를 나누게 되었는데 의상 이야기를 하더군요. 본인 생각에는 새 옷을 입고 하는 것이 좋을 것 같아서 옷을 사두고 당일 입었다고 합니다. 심지어 구두까지도요. 어땠을까요? 갑갑해 혼났다고 합니다. 발표 당일의 작은 차이가 큰 결과를 가져올 수 있습니다. 옷을 샀다면 최소 3, 4번은 입으셔야 되고 구두는 무조건 본인이 신던 구두여야 합니다. 의상 중 새로운 것이라면 넥타이면 족합니다. 편안한 의상에서 좋은 프레젠테이션이 나옵니다. 그리고 남자에게 있어 의상의 완성은 양말과 구두라는 것 알고 계시죠? 구두 닦는 것, 잊지 마시기 바랍니다.

헤어 스타일 역시 마찬가지입니다. 사람마다 천차만별이라 여기서 다 말씀드릴 수는 없지만 정돈된 느낌은 반드시 줘야 합니다. 제품을 적당히 바르기 바랍니다. 너무 바르면 거부감을 주겠지만 적당한 제품(왁스, 무스, 스프레이 등)은 준비되어 있는 느낌을 줍니다. 저는 공식적인 프레젠테이션에서는 머리를 올리고 2 대 8 가르마를 합니다. 하지만 편안한 대학 강의에서는 머리를 내리고 에센스만 바릅니다.

프레젠터 중에 열이 많은 분들은 자주 얼굴이 빨개집니다. 여성들은 기

TIP
프레젠테이션의 완급 조절

교회 목사님의 설교 말씀을 들으면 처음에는 집중을 하다가도 시간이 지날수록 졸음이 몰려옵니다. 좋은 음성, 좋은 내용임에도 불구하고 왜 그럴까요? 바로 스피치의 완급 조절이 이루어지지 않기 때문입니다. 그럼 프레젠테이션에서 완급 조절은 어떻게 가능할까요?

첫째, 콘텐츠의 완급 조절입니다. 가장 내용이 좋은 스피치는 이 시대의 석학, 노벨상을 받은 사람들의 강의일 겁니다. 하지만 오래 듣다 보면 졸리기 일쑤입니다. 반대로 재미난 강의는 개그맨, 유머 강사들의 강의겠죠. 하지만 들을 당시에는 재미있지만 실제로 남는 것은 별로 없습니다. 따라서 가벼운 것과 무거운 것, 재미있는 것과 진지한 것을 적절히 배치해서 사람들의 주의 집중을 유발해야 합니다.

둘째, 음성의 완급 조절입니다. 아무리 좋은 음성으로 말을 하더라도 억양 변화가 없으면 지루해집니다. 따라서 유사언어의 활용이 필수적입니다. 속도, 크기, 억양, 톤 등에 변화를 줘서 리듬감을 주어야 합니다.

셋째, 공간의 완급 조절입니다. 가만히 서서 말하는 사람보다 움직이며 말하는 사람이 보다 역동적입니다. 무대에서 이야기를 하다가 강조할 부분에 사람들에게 다가간다면 훨씬 효과적입니다. 공간언어의 활용을 통한 완급 조절은 상당히 효과적입니다.

본적인 화장을 하기 때문에 문제가 되지 않지만 남성 같은 경우에는 중간에 당황하거나 열이 나서 얼굴이 빨개지는 경우를 많이 봤습니다. 남성들도 적당한 화장을 할 필요가 있습니다. 얼굴이 빨개지는 악순환 속에 당황하기보다는 적당한 화장을 하는 것이 더 낫겠죠. 트윈케익 정도만 살짝 발라도 됩니다. 저는 워낙 뉴스 속보를 많이 해서 화장하는 것이 능숙합니다. 그래서 컨설팅을 할 때 필요한 프레젠터에게 화장을 시켜주기도 합니다. 그런데 지나친 화장은 역효과겠죠? 가부키 분장이 되면 안 하니만 못합니다. 리허설을 할 때 여성 동료의 도움을 받아보는 것도 좋을 겁니다.

올브라이트 전 국무장관은 브로치 외교로 유명하죠. 사전 협상의 결과가 좋지 못한 경우에는 매나 칼 같은 브로치를 착용하고, 분위기가 좋았을 때는 꽃이나 비둘기 모양을 착용했다고 합니다. 이 브로치를 보고 중동 외교관들은 올브라이트 장관의 태도를 읽었다고 하고요. 장신구 역시 목적성이 있어야 합니다. 전체적인 분위기에 어울리는 장신구인지 고민을 해야겠죠.

프레젠테이션을 할 때 입술 보습제와 휴대용 구취 제거제를 준비하는 것이 좋습니다. 발표 직전 미리 입술 보습제를 바르면 입술이 마르는 것을 방지할 수 있고 약간 반짝이는 입술로 좋은 이미지 연출이 가능합니다. 뉴스 앵커들도 분장할 때 입술 보습제를 바릅니다. 입술이 마르면 발음이 좋을 수 없습니다. 구취 제거제는 프레젠테이션이 끝난 후 필요합니다. 프레젠테이션을 하면서 긴장을 했기 때문에 입에서 당연히 냄새가 납니다. 발표 후 관계자와 미팅을 할 수도 있고 가까운 거리에서 청중과 질의응답을 할 수도 있습니다. 그런 상황을 대비하는 것이죠. 프레젠테이션을 마치고 박수를 받을 때 살짝 돌아서서 구취 제거제를 사용하면 됩니다. 저도 강의를 마치고 반드시 사용합니다.

기획 · 구성의 비밀

1원칙 하나의 키워드로 압축하라
2원칙 짜임새 있게 구성하라
3원칙 다양하고 구체적인 근거를 제시하라
4원칙 주목받게 연출하라
5원칙 간결하게 구성하라

스피치 구성요인

음성적 요인　　　콘텐츠 요인
외모 · 외형　　　몸짓언어

좋은 소리

· 자신의 체형에 맞는 진성
· 톤이 안정되고 떨림 없는 소리
· 밝고 자신감 있는 건강한 소리

스피치의 비언어적 요인 훈련

여유 있는 무대인사
자연스러운 제스처
진심 어린 눈맞춤
자신감 있는 표정
적절한 움직임
효율적인 지시기 사용
멋진 자기 연출

강조의 원칙

· 가급적 한 호흡에 많이 읽는다
· 강조하고자 하는 지점 앞에서 포즈를 둔다
· 강조하고자 하는 지점에서 천천히 감정을 실어 말한다
· 강조할 때 눈맞춤을 하면 효과가 배가된다

비언어의 원리

· 본능성
· 완결성
· 균형성
· 유연성
· 동시성

ADAPTION

—

모 기업의 프레젠테이션 컨설팅을 갔을 때의 일입니다. 1박 2일 연수였는데, 1일차에는 본부장의 평가와 저의 강의, 2일차에는 1 대 1 프레젠테이션 클리닉으로 운영되었습니다. 저는 1일차에 찍은 동영상을 보고 2일차에 개별 지적과 훈련을 실시했죠. 2일차 5분 프레젠테이션을 하는데 한 발표자가 눈에 확 들어왔습니다. 어제 본부장의 평가표를 보니 지적투성이였는데 지금 하는 프레젠테이션은 힘 있고 흥미진진했습니다. 그 차이를 알아보니 콘텐츠의 차이였습니다. 어제 한 프레젠테이션은 회사의 업무 관련 프레젠테이션이었고 오늘 한 프레젠테이션은 자기가 잘 알고 관심 있는 내용의 콘텐츠였습니다. 태국 지사에 오래 근무해서 태국에 대해 잘 알고 있었던 그 사람은 태국 기업 설립 시 주의할 점, 문화적 차이에 대한 내용으로 프레젠테이션을 했습니다. 본인이 관심 있고 흥미 있는 주제, 잘 알고 있는 내용은 말할 때 확신이 느껴집니다.

이처럼 프레젠테이션을 할 때 내용을 내 것으로 소화하는 것이 무엇보다 중요합니다. 시나리오를 단순히 전달하는 것이 아니라 확신과 흥미를 가지고 몰입할 때 좋은 프레젠테이션이 됩니다. 그런데 우리가 하는 프레젠테이션 모두가 나에게 흥미로운 것은 아닙니다. 중요한 것은 체계적인 리허설과 훈련을 통해 내용을 내 것으로 만드는 것입니다.

우리는 앞서 프레젠테이션이 어떤 것인지 역할 모델(스티브 잡스, 오바마)을 통해 컨셉을 잡았습니다. 그리고 상황을 통제하여 훌륭한 프레젠테이션을 하기 위한 제반 지식(knowledge)을 알아봤습니다. 또, 그것을 바탕으로 구성·기획 그리고 전달을 어떻게 하는 것이 좋은지 비밀(secret)을 살펴봤죠. 이제는 적용입니다. 실제로 프레젠테이션을 준비할 때 어떤 단계로 리허설을 하고 준비를 해야 하는지 알아보겠습니다.

기획, 구성, 전달 모두 중요하지만 저는 최종 전달 준비가 가장 필요하다고 생각합니다. 전달은 기획과 구성을 아우르는 최종 단계입니다. 기획과 구성의 내용을 제대로 이해하고 최고의 연출로 청중들의 마음을 사로잡아야 합니다. 마음이 급한 것은 알지만 궁극적으로 스피치의 능력이 향상되어야지만 가능합니다. 생각해보세요. 머릿속으론 프레젠테이션의 원리들을 알고 있지만 제대로 하지 못하는 이유는 상황을 통제하고 조절하는 능력인 상위인지 능력이 떨어지기 때문입니다. 아직 상위인지 능력을 제대로 이해하지 못했다면 2장으로 돌아가 다시 읽어보기 바랍니다.

여기서는 프레젠테이션을 포함해서 평상시 상위인지 능력을 향상시키는 방법을 간략하게 언급하겠습니다. 그 다음으로 기간에 따라 프레젠테이션을 어떻게 준비해야 하는지 살펴보겠고요. 그런 다음 기획과 구성 단계에서 어떤 점을 고려해야 하는지도 알아보겠습니다. 끝으로 프레젠테이션 시 인사에서 마무리까지 발표 단계별 요령을 정리하겠습니다. 높은 산은 계곡이 깊고 골짜기도 많습니다. 그 산을 정복하기 위해서는 여러 가지 방법이 있겠죠. 이번 장은 그 정상을 향한 여러 가지 코스를 살펴보는 로드맵입니다.

1. 상위인지 능력을 높이는 방법

상위인지는 지식적인 부분과 실행적인 부분으로 나뉩니다. 즉 제대로 알고 방향성 있게 훈련할 때 향상되는 것입니다. 이 능력은 어린아이부터 어른까지 모두 가지고 있지만 여러 상황에 따라 개발 정도는 달라집니다. 상위인지는 체득되는 것으로 인지적이고 체계적인 훈련이 필수입니다.

인지적 훈련은 스피치에 대한 지식을 습득하는 과정입니다. 스피치 훈련의 방향성과 모니터 척도가 필요하다는 말이죠. 우리가 2장과 3장에서 배운 내용들입니다. 훈련과 평가를 할 때는 단순하게 잘했다 못했다로 평가하는 것이 아니라 보다 세부적이며 구체적으로 해야 합니다. 앞서 언급한 스피치 구성요인 37개를 잘 활용하시면 됩니다.

체계적 훈련이라고 함은 단계적이고 순차적으로 준비를 해야 함을 말합니다. 말할 내용을 두서없이 준비하는 것이 아니라 step by step으로 준비함을 뜻합니다. 아리스토텔레스의 수사학적 5단계(예전 책 《파워스피치》에서는 7단계와 28일 프로젝트를 제시했습니다)가 바로 이것입니다.

그럼 5단계로 여러분의 프레젠테이션이나 발표를 준비해볼까요?

우선 고안(invention)입니다. 아이디어 개발 단계로 자료 조사를 통해 가급적 많은 아이디어를 끄집어내는 단계입니다. 말하기 전 머릿속에서 거르지 말고 생각나는 대로 적어보는 겁니다. 프레젠테이션 전문가들의 아이디어 개발 단계들을 보면 아날로그를 선호합니다. 포스트잇이나 화이트 보드 앞에 많은 생각들을 적으면서 아이디어를 개발하죠. 앞서 언급한 토포이 등을 활용하여 가급적 많은 아이디어를 적어보시기 바랍니다. 프레젠테이션에서 기획에 해당하는 부분입니다.

두 번째는 배열(arrangement)입니다. 개발된 아이디어를 배치하는 단계입니다. 필요 없는 것은 과감히 버려야 합니다. 기획·구성의 비밀 중 체계성의 원칙과 압축·요약의 원칙이 적용되는 단계입니다. 서론, 본론, 결론을 꾸미는 것이죠. 가급적 본론 부분을 먼저 정리하고 서론과 결론을 작성하시기 바랍니다. 본론을 구성하며 숲을 볼 수 있기 때문입니다.

서론에서 중요한 것은 주변 환기입니다. 다른 사람들이 관심을 가질 수 있도록 유도하는 것이죠. 시의성 있는 이야기, 유머, 질문, 사례, 충격 요법 등 주제와 연관된 내용들을 전면에 배치시켜 사람들의 관심을 유도합니다. 동영상 같은 비주얼 자료 역시 효과적입니다. 결론은 앞선 내용에 대한 명확한 요약과 행동을 촉구하는 내용으로 구성하는 게 좋습니다.

배열은 프레젠테이션에서 구성에 해당하는 부분이라고 할 수 있죠. 시나리오와 슬라이드를 구성하면서 제반 전략을 짜는 단계입니다. 앞선 각종 원칙들을 적용하는 단계입니다.

세 번째는 스타일(style)입니다. 분석을 통해 말의 스타일을 결정하는 단계입니다. 먼저 청중 분석이 필요합니다. 다음으로는 주제 분석과 상황 분석입니다. 프레젠테이션의 목적이 무엇인지 명확해야겠죠. 단순한 정보 전달인지 설득인지 구분해야 합니다. 그리고 거기에 참석한 사람의 인구 통계학적, 행태적 분석이 선행되어야 합니다. 과학자들과 교수들로 구성된 청중 앞에서 가벼운 이야기만으로 프레젠테이션을 진행한다면 문제가 되겠죠. 또 어린 청중들 앞에서 너무 어려운 이야기도 부적절합니다. 주제의 민감도 역시 중요합니다. 민감한 주제에서 가벼운 스타일은 좋지 않습니다. 상황 분석은 프레젠테이션이 열리는 시간, 장소, 공간에 대한 특징들입니다. 무대 움직임이 불가능한 좁은 곳에서의 프레젠테이션은 음성 중심의 훈련이 필요합니다. 이런 분석을 통해 전반적인 전달 스타일을 결정하게 됩니다.

네 번째는 인지(cognition)입니다. 원어는 '암기(memory)' 입니다. 예전에는 원고를 기억하고 외우는 것 역시 중요한 능력이었습니다. 하지만 지금은 원고를 외우는 것만으로는 상황을 통제할 수 없습니다. 중요한 것은 전체 시나리오를 인지하는 것이지요. 여러분 스피치 개요서라고 아십니까? 말하고자 하는 주요 내용을 적어놓은 큐카드(cue card) 입니다. 방송에서 보면 진행자가 가지고 있는 작은 종이지요.

인지하는 것도 단계가 있습니다. 바로 스피치 개요서를 쓰는 것이 아닙니다. 훈련 단계에서는 원고를 다 써보기를 권합니다. 구어체로 원고를 다 적어보는 겁니다. 실제 말하듯이 말이죠. 다 쓴 후 말하고자 하는 주요 키워드를 A4 반 장에 적는 겁니다. 서론·본론·결론의 주요 내용을 적고, 통계, 제품 이름 등 틀리면 안 되는 것 위주로 요약, 압축합니다. 그리고 그것을 가지고 프레젠테이션을 연습합니다. 생각해보세요. 자기가 낸 아이디어를 배열하고 분석해서 시나리오를 다 적었습니다. 그 다음 압축했다면 머릿속에 일정한 틀이 생겼겠죠. 이런 과정을 스피치 준비에 늘 적용한다면 틀림없이 상위인지 능력이 눈에 띄게 향상될 것입니다. 대학 강의를 하면서 입증된 훈련 방법입니다.

마지막 다섯 번째 단계는 전달(delivery)입니다. 전달은 훈련과 실전으로 나눌 수 있습니다. 훈련은 리허설을 뜻하고 실전은 실제 상황에서 발표하는 것을 말합니다. 스피치 연습을 많이 한다고 좋은 것은 아닙니다. 얼마나 방향성에 맞춰 훈련하는지가 관건입니다. 경쟁 프레젠테이션이 아닌 일반적 프레젠테이션은 실전 같은 5회 이하의 훈련을 권합니다. 당연히 캠코더를 준비하고 실전 같은 분위기가 필요합니다. 첫 번째 훈련 후 정확하고 철저한 모니터를 통해 문제점을 파악하고 그 문제점을 수정 보완 적용하는 방식으로 훈련에 임하는 겁니다. 그리고 실제 발표를 하죠. 실제 프레젠테이션이 끝나고 모니터까지가 전달 부분입니다. 이런 5가지 단계를 발표할 때마다 적용하다 보면 상위인지 능력이 향상될 것입니다.

상위인지 능력은 모든 스피치 능력의 기초 능력으로 최소 7분 이상의 대중 스피치 훈련을 통해서만 향상된다는 것이 저의 연구 결과입니다. 스피치를 잘 모르는 사람들은 무작정 3분 스피치, 1분 스피치를 하는데 이 정도 시간은 몇 가지 요령으로 내용을 암기해 할 수 있습니다. 즉 7분 이하는 기승전결 등 내용을 구성하는 데 한계가 있기 때문에 스피치 훈련에 적당하지 않습니다. 7분 이상을 할 때 전반적인 흐름을 이해하고 프레젠테이션을 할 수 있습니다. 이것은 초등학교 2학년부터 성인까지 실험을 해보고 나온 결과입니다.

대학에서는 9주 정도의 이론 강의 후 파워포인트 슬라이드를 구성해 12

분 발표하는 정보 전달 스피치(자기가 알고 있는 것을 설명하는 것)와 어떤 시각 자료 없이 개요서만을 가지고 다른 사람을 설득하는 10분짜리 설득 스피치를 합니다. 그 다음으로 즉흥 스피치, 모사 스피치를 합니다. 이런 단계적 훈련을 통해 상위인지 능력이 향상되는 것입니다. 즉흥 스피치는 구성원들이 자기가 자신 있는 주제를 적고 무작위로 다른 사람이 뽑은 후 10분 있다가 뽑은 주제에 대해 이야기하는 것을 말하며, 모사 스피치는 다른 사람의 콘텐츠(경험, 본 영화, 읽은 책 등)를 듣고 나서 5분 후 자기가 경험한 것처럼 이야기하는 훈련입니다.

대학 강의에서는 교수 평가, 동료 평가, 자신의 평가 등 다양한 모니터를 통해 자신의 문제점을 발견하고 다음 스피치에 적용하게 됩니다. 자기가 발표를 하면 교수 평가표 1장, 수업을 들은 동료의 평가표 대략 30장을 받게 되며 집으로 돌아가 자신의 동영상과 다른 사람의 평가를 보면서 자기 평가표를 작성합니다.

여러분의 프레젠테이션에 이런 단계들을 적용해보기 바랍니다. 무작정 즉흥 스피치, 모사 스피치를 하면 큰 도움이 되지 않습니다. 프레젠테이션이나 회의 시 발표할 때 이런 단계적인 방법들을 적용하면 상위인지 능력의 향상을 맛보시게 될 겁니다.

애드립을 잘하기 위해서 일상생활에서 3가지 방법을 권합니다. 우선 내용을 정리하고 압축하는 연습을 많이 하시기 바랍니다. 회의, 강의, 대화의 내용을 정리하여 직접 말하는 연습입니다. 두 번째는 대화나 회의 시 흐름을 바꾸는 연습을 하시기 바랍니다. 대화를 경청하다 보면 이야기에 흐름이 있습니다. 영화 이야기를 하다가 영화 속 탤런트 이야기로 흐름이 이어지고 다시 탤런트의 사생활 이야기로 옮겨 갑니다. 잘 듣다가 대화의 공통적 부분을 언급하며 대화의 흐름을 바꾸는 연습입니다. 잘 듣고 공통 내용을 파악하여 적절히 말하는 연습입니다. 세 번째는 유머를 많이 사용 하시기 바랍니다. 다른 사람을 웃기는 것은 매우 어려운 스피치 중 하나 입니다. 웃음은 정서적 코드가 맞아야 되기 때문입니다. 잘 웃기는 사람 들을 관찰해보면 사람들이 웃을 수 있도록 미리 장치를 만드는 것을 알 수 있습니다. 본인이 웃으면서 말하거나, 성대모사, 제스처 등 특징들을 강조합니다.

이런 연습을 통해 상황 통제력을 어느 정도 향상시킬 수 있습니다. 하지 만 가장 근본적인 것은 모니터를 바탕으로 한 7분 이상의 프레젠테이션(대 중 스피치) 연습입니다.

2. 프레젠테이션 훈련 방법 : 리허설 방법

경쟁이나 입찰과 관련된 프레젠테이션은 정말 살벌하다는 것을 다 아실 겁니다. 보통 팀이 꾸려지고 3~4달 넘게 진행을 하죠. 팀이 꾸려지면 프레젠터가 선정되고 치열한 훈련을 하게 됩니다.

6천 억짜리 프로젝트에 한 기업이 입찰을 하게 되었고 두 달 넘게 준비를 했습니다. 프레젠터가 된 담당 부장은 거의 식음을 전폐할 정도로 열심히 준비를 했습니다. 주말이나 휴일 없이 매진했죠. 연습은 주로 혼자서 했습니다. 실제 팀원 앞에서 할 때는 다음에 한다거나 완벽한 체계를 잡고 하겠다고 말하며 전체적인 연습을 하지 않았습니다. 그리고 팀원 앞에서 연습할 때도 중간에 좋은 아이디어가 생각나면 바로 멈추고 시나리오를 수정했죠. 여러 번 시나리오를 고치고 나름 열심히 준비를 해서 자신감이 생겼습니다. 청중 없이 몇몇 팀원과 함께 몇 번 공개 연습을 했습니다. 시간도 적당했습니다. 이 부장님 어떻게 됐을까요? 처음은 좋았다고 합니다. 자신이 생겼죠. 그래서 연단을 벗어나 슬라이드 가까이 가 설명을 했습니다. 그런데 갑자기 생각이 나지 않더라는 겁니다. 당황하기 시작했습니다. 연단으로 돌아와 시나리오를 읽었지만 시간에 쫓기기 시작했습니다. 결국 입찰에 실패했습니다.

프레젠테이션은 종합예술로서 철저하게 준비를 해야 합니다. 이 사례의 교훈을 통해 우리는 다음과 같은 리허설의 원칙을 세울 수 있습니다.

실전과 같은 연습을 하라

가급적 실제 장소와 동일한 환경을 만드는 것이 중요합니다. 저는 컨설팅을 할 때 프레젠테이션 장소를 미리 답사해 구현하든지 그곳과 비슷한 곳을 대여합니다. 좌석 배치와 청중, 기기 등 현장과 동일한 환경을 만드시기 바랍니다. 그리고 연습하면서 중간에 멈추거나 쉬어서는 안 됩니다. 틀리더라도 실전처럼 시간을 철저히 관리하십시오.

구술(낭독) 연습 + 시뮬레이션 훈련을 하라

낭독 연습은 많이 할수록 좋습니다. 시나리오를 많이 읽고 내면화하는 작업입니다. 읽을 때도 중간에 멈추지 말고 시나리오 전체를 다 읽으십시오. 실전과 같은 목소리로 하는 것이 중요합니다. 단 시나리오를 외우려고 하지 마십시오. 이해하려고 하십시오. 연습이 끝나고 집으로 가거나 휴식을 취할 때 시나리오의 내용과 프레젠테이션 장소를 머릿속에 시뮬레이션 하는 겁니다. 구술 연습과 시뮬레이션이 유기적으로 결합되면 어떠한 상황도 대처할 수 있습니다.

콘텐츠를 내면화시켜라

내가 사는 집을 설명하는 것과 다른 친구의 집을 설명하는 것은 뉘앙스에서 다릅니다. 내가 잘 알고 설명하면 자연스럽게 억양이 생기고 제스처가 들어가게 됩니다. 이처럼 내용을 내 것으로 소화하고 리허설 하는 것이 필요합니다. 시간이 없다고 시나리오만 읽다 보면 리더(reader) 프레젠터가 됩니다. 따라서 리허설을 할 때 내용을 내 것으로 소화하는 연습이 절대적으로 필요합니다. 내용이 내면화되었는지 알기 위해서는 프레젠테이션 슬라이드만 보고 이야기를 할 수 있는지 알아보면 됩니다. 시나리오를 덮고 슬라이드를 보며 이야기를 풀어가는 연습을 반드시 하시기 바랍니다.

녹화 · 녹음은 반드시 하라

구술 연습은 보이스펜으로 녹음하고, 리허설은 캠코더로 반드시 녹화하시기 바랍니다. 발전하기 위해서는 모니터가 필수입니다. 자신이 보고 느낄 때 적용할 수 있습니다. 이것은 필수 사항입니다.

청중 평가를 받아라

청중 앞에서 리허설을 해야 합니다. 여건이 허락되면(비밀 유지 같은 문제나 비용) 동료뿐 아니라 일반인 앞에서 하면 좋습니다. 이해관계가 없는 사람을 이해시킨다면 대단한 겁니다. 관계자들끼리 준비하다 보면 어려운 용어들을 사용하는 경우가 많이 있기 때문입니다.

완급 조절을 연습하라

음성적으로 강조할 부분이 부각되도록 연습해야 합니다. 억양, 강세, 포즈, 속도 등을 활용해서 반드시 사람들에게 들려야 할 부분을 철저히 연습하시기 바랍니다. 또한 공간을 잘 활용해서 적절한 역동감을 주도록 연습해야 합니다. 리허설 시 어색한 부분이 있으면 반복 연습하고, 그래도 개선이 되지 않는다면 빼는 것이 좋습니다. 음성, 공간언어를 통해 완급 조절을 하시기 바랍니다.

시간 관리를 하라

실전에 들어가면 늘 시간이 부족합니다. 여러 가지 변수가 많기 때문입니다. 리허설을 할 때 예정보다 2~3분 정도 빨리 끝내는 훈련을 하십시오. 말을 빨리 하라는 것이 아니라 시나리오에서 불필요한 것들을 제거하고 덜 중요한 부분은 빨리 소화하는 능력을 키우라는 겁니다. 시나리오에 페이지별 시간은 반드시 적어야 합니다.

스피치 개요서를 활용하라

대부분 정형화된 프레젠테이션에서는 정해진 시나리오를 조심스럽게 읽는 것으로 프레젠테이션을 합니다. 하지만 승부수를 띄우거나 보다 나은 프레젠테이션을 원한다면 반드시 스피치 개요서를 활용해야 합니다. 스티브 잡스 역시 큐카드를 사용합니다. 절대로 시나리오를 읽지 않으며 기기를 사용하는 시점과 키워드를 표시한 큐카드는 사람들이 슬라이드에 집중하고 있을 때 살며시 봅니다. 키워드를 가지고 스토리텔링을 하는 겁니다. 정형화된 프레젠테이션을 하더라도 스피치 개요서를 활용하시기 바랍니다. 핵심 키워드를 명확히 알 수 있고 이런 연습을 통해 실전에서 보다 여유 있게 운영할 수 있습니다.

＃ 스피치 개요서 작성 요령

- A4 반 장 크기를 넘지 말 것. 넘으면 여러 장으로 만들 것

    : 여유 있게 잡고 넘길 수 있도록, 제스처에 영향을 받지 않는 크기

    : 무대로 나갈 때는 개요서 한 장만 들고 나갈 수 있도록 편집

- 서론·본론·결론의 키워드 작성

- 잊기 쉬운 수치, 이름, 지명 등

- 전환되는 중요한 포인트에 표시(질문, 동영상을 볼 때, 물을 먹을 때 등)

- 개요서를 보고 사람을 보며 이야기하는 훈련(SEE & TELL)

1863년 11월 19일 에이브러햄 링컨은 게티즈버그에서 명연설을 하죠. 단 272단어였습니다. 혹자는 편지봉투 뒷면에 원고를 급히 쓴 즉흥 스피치라고 하지만 절대 그렇지 않습니다. 링컨의 일대기를 정리한 게리 윌스(Garry Wills)는 철저한 연습을 통한 연설이라고 말합니다. 주변 지인에 따르면 링컨은 시뮬레이션 훈련을 했다고 합니다. 연설 내용에 대해 자문을 구하고 지인들에게 평가를 받았다는 거죠. 그런 과정을 통해 자신의 연설을 다듬어나갔습니다. 또한 혼자만의 시간 속에서 계속 그 연설문을 중얼거렸다고 합니다. 기차 안에서 쓴 메모는 스피치 개요서였던 겁니다. 즉 시뮬레이션 훈련을 한 겁니다. 말 잘하는 사람은 타고나지 않습니다. 자기 나름의 노하우로 철저한 훈련을 통해 만들어지는 것입니다.

그럼 일자별 프레젠테이션 훈련 계획을 제시하겠습니다. 이것은 하나의

로드맵일 뿐 절대적인 원칙은 아닙니다. 여러분의 상황에 맞추어 조절하면 됩니다. 하지만 반드시 지켜야 할 것이 있습니다. 앞에서 언급한 리허설의 원칙입니다.

> **▶1달 전 : 기획 · 구성 중심의 리허설**
>
> - 핵심 키워드 추출
> - 청중 · 상황 · 목적 분석 완료 및 적용
>
> 〈리허설〉
>
> - 팀원들에게 각 상황 브리핑(청중 · 상황 · 목적) 7분 스피치
> - 핵심 키워드에 따른 전반적 스토리 라인 브리핑 7분 스피치

> **▶3주 전 : 아나운싱 중심의 리허설 Ⅰ**
>
> - 시나리오 내용 분석(강조 · 묘사 · 비교 · 설명)
> - 시나리오 내용 숙지
> - 시나리오 끊어 읽기 표시
>
> 〈리허설〉
>
> - 전체 시나리오 구술(아나운싱) 연습 : 보이스펜 녹음
> - 무대에서 동선 및 비언어 확인 : 비디오 녹화

▶ **2주 전 : 아나운싱 중심의 리허설 II**

- 전체 시나리오 초안 완료 · 슬라이드 초안 완료

- 시나리오 구어체 변경

- 1차 스피치 개요서 작성

- 무대 리허설 시작

〈리허설〉

- 전체 시나리오 구술(아나운싱) 연습 : 보이스펜 녹음

- 무대에서 동선 및 비언어 확인 : 비디오 녹화

▶ **1주 전 : 무대 중심의 리허설**

- 완벽한 세팅 속에서 훈련(좌석 배치, 청중 배치, 조명, 마이크 등)

  : 비언어적 동작 확인을 위해 투명 연단 사용 권장

  : 프레젠테이션이 열리는 시간에 반드시 실시

- 시나리오와 슬라이드 수정 보완

- 의상 리허설(가장 이상적인 의상과 스타일을 찾는 과정)

- 질의 · 응답 리스트 작성 및 연습

- 3일 전까지 최소 5회 이상 실시

- 청중의 피드백 실시 및 적극 반영

▶3일 - 2일 전 : 최종 리허설

• 완벽한 조건하에서 리허설 3회 실시

: 환경, 기기, 의상, 시간 관리, 청중 등

• 피드백 실시 및 제한적 반영

: 큰 틀을 바꾸는 결정적 수정을 하기에는 시간이 촉박하므로

제한적 수정만 실시

▶1일 전

• 여건이 허락되면 최종 리허설 1회 추가 실시

• 무리하지 말 것

• 시뮬레이션 훈련

• 스피치 개요서 최종 점검, 예상 질문 점검

• 최신 뉴스 점검

▶당일

• 음성적 요인

: 따뜻한 물 섭취

: 무리한 발성 연습보다는 발음 연습

: 시나리오의 각종 표시 확인(띄어 읽기, 포즈 등)

• 콘텐츠

: 적시성 확인(서론과 결론 시뮬레이션 해보기)

: 장소에 입장해서는 원고를 보지 말고 분위기를 익숙하게 만들 것

: 프레젠테이션의 목적 확인(나무보다는 숲에 집중)

• 비언어적 요인

: 편안한 의상

: 잘 닦은 구두와 양말, 장신구

: 입술 보습제와 구취 제거제

: 가벼운 근육이완운동(제스처, 자세, 발성에 도움)

3. 프레젠테이션 척도

다음에 제시하는 척도들을 잘 활용하시기 바랍니다. 프레젠테이션을 준비할 때, 리허설을 평가할 때 사용하면 됩니다. '프레젠테이션 평가 척도표'는 프레젠테이션 전반을 평가하는 척도로 팀원이나 프레젠터 자신이 평가하는 것이고, '일반 청중의 평가 척도표'는 프레젠테이션에 참석한 청중을 대상으로 실시하는 척도입니다. 리허설 시 일반 청중을 동원한다면 사용하시기 바랍니다.

프레젠테이션 평가 척도표(25척도 * 5 = 100점)

	항목	점수 5점 척도	평가	비고
기획	1. 청중 이익을 반영했는가?			
	2. 주제, 키워드가 명확한가?			
	3. 상황 분석이 철저한가?			
	4. 아이디어가 독창적인가?			
	5. 상상력을 불러일으키는 기획인가?			
구성	6. 구성의 짜임새가 있는가?			
	7. 서론은 주변 환기를 잘했는가?			
	8. 결론에서 이미지 형성을 잘했는가?			
	9. 논리적 근거는 명확한가?			
	10. 사례, 비유가 많은가?			
	11. 구체적 증거가 있는가?			
	12. 키워드를 반복하는 구성인가?			
	13. 슬라이드 편집이 간결한가?			
	14. 슬라이드 편집의 통일성은 어떠한가?			
	15. 다양한 자료가 있는가?			
전달	16. 발성, 발음은 어떠한가?			
	17. 아나운싱은 부드러운가?			
	18. 표현력과 유창성은 좋은가?			
	19. 의상, 장신구 등은 적절한가?			
	20. 눈맞춤은 잘하는가?			
	21. 제스처와 자세는 적절한가?			
	22. 움직임이 많고 적절한가?			
	23. 슬라이드와 멘트가 동시적인가?			
	24. 상호작용성(질문 등)이 있는가?			
	25. 시간 관리는 어떠한가?			
총평				

일반 청중의 평가 척도표

	항목	평가	비고
기획	1. 프레젠터의 의도는 전달이 잘 되었는가? 2. 설득력이 있었는가? 3. 접근 스타일은 어떠했는가?		
구성	4. 구성의 짜임새는 어떠했는가? 5. 근거가 타당했는가? 6. 사례나 비유가 많았는가? 7. 슬라이드는 간결하고 통일적이었는가? 8. 다양한 자료를 보여주었는가? 9. 인상적인 서론과 결론이었는가?		
전달	10. 목소리의 호감도는 어떠했는가? 11. 발음은 명료했는가? 12. 억양은 부드러웠는가? 13. 전달력은 어떠했는가? 14. 눈맞춤은 부드러웠는가? 15. 제스처는 적절했는가? 16. 전체 움직임은 적절했는가? 17. 표현력은 어떠했는가? 18. 시간 관리는 잘하였는가? 19. 전체적인 이미지는 좋은가?(의상, 헤어, 구두 등)		
총평			

단계별 준비 요령

　다음 표는 기획과 구성 단계에서 어떤 부분을 점검해야 하는지 체크하는 표입니다. 다양한 분석을 통해서만 좋은 프레젠테이션이 나옵니다.

① 기획 단계

목적 분석

청중 이익	프레젠터 이익

관련 주제에 대한 자료 조사
설문 조사
문헌 조사
언론 보도
관련자 증언
정부 통계 자료
인터넷
경험
사내 간행물
서베이

정보의 공통분모(5줄 이상)

핵심 키워드

⌗ 상황 분석

항목	결과	고려할 점
장소, 위치(약도 포함)		
발표 시간 발표 순서 소요 시간 질의응답 여부		
실내 형태 – 수용 규모 – 의자 배열(배치) – 무대 크기 – 연단 위치		
기기 – 화이트 보드 – OHP – 마이크 상태 – 컴퓨터 기종 – 프로젝터 – 비디오 – Clicker, 지시기 – 시계 – 조명 – 에어컨		

특이점
– 프레젠터가 앉아서 하는 규정이 있는지?

– CEO가 일정상 중간에 나가는지?

– 시계 비치 여부

– 물. 음료수 구비 여부

– 마이크 상태, 조명 상태(프레젠터와 슬라이드 모두 명확히 보이는 접점)

– 실내 온도 등

총평

② 구성 단계

원칙	항목	결과	고려할 점
압축 · 요약의 원칙	– 자료 조사는 충분한가 – 키워드는 무엇인가 – 키워드는 군데군데 강조되는가		
체계성 · 적시성의 원칙	– 본론의 구조는 어떤 방식인가 – 서론 · 본론 · 결론 틀은 적절한가 – 서론은 임팩트가 있는가 – 결론에서 프레젠터의 이미지가 부각되었는가 – '감성 – 이성 – 감성' 의 방법인가		
논리성의 원칙	– 근거는 어떠한 것을 사용하는가 – 근거는 타당한가 – 출처의 공신력은 어떠한가		
반복 · 자극의 원칙	– 키워드를 반복하는가 – one page proposal – 자극적인 방법을 사용하는가 　(질문, 움직임, 동영상 등)		
간결성의 원칙	– 1 슬라이드 1 메시지 – MECE 원칙 　(서로 배타적이나 전체 포괄적) – 색은 적절한가 – 글꼴, 크기는 어떠한가 – 불필요한 클립아트는 없는가 – 슬라이드의 통일성 – 문장부호, 단어 잘림 – 텍스트보다는 비주얼 위주인가		

총평

③ 상호작용(질문 대처)

프레젠테이션에서 청중들을 참여하도록 만드는 것은 설득에 있어 아주 효과적인 방법입니다. 질의응답을 통해 프레젠테이션을 끌어간다는 것은 아주 좋은 방법입니다. 하지만 그러기 위해서는 주제에 대한 명확한 이해와 순발력이 필요합니다.

프레젠테이션 준비의 마지막은 질문에 대한 준비입니다. 모든 준비가 끝난 상태에서 청중들이 어떤 점을 궁금해할지 판단해야 합니다. 따라서 프레젠테이션을 하기 전 청중들의 예상 질문 리스트를 반드시 작성해야 합니다. 팀원보다는 객관적인 사람의 날카로운 질문이 더 도움이 될 겁니다. 프레젠터는 예상 답변까지 명확하게 숙지해야 합니다. 발표를 잘하고 나중에 질문에 대한 대답을 제대로 하지 못한다면 앵무새 같은 이미지를 줄 수 있습니다.

준비를 했다고 하더라도 모르는 질문을 받을 수 있습니다. 그때는 당황하지 말고 상대방의 질문을 여러분의 언어로 다시 풀면서 시간을 버시기 바랍니다. "그 질문이 이런 것을 물어보신 거죠?"라고 말이죠. 신기하게도 답이 생각나는 경우가 있습니다. 그래도 생각이 나지 않는다면 솔직히 인정하고 팀원의 도움을 받는 것이 좋습니다. 그 상황을 모면하고자 근거 없는 이야기를 한다면 공신력에 치명타를 입게 됩니다.

프레젠터가 역으로 청중에게 질문하는 경우가 있죠? 특히 초반에 청중에게 질문하는 경우가 있는데 사람들의 집중을 유도하기 위해서입니다.

질문은 두 종류입니다. 정말 답변을 유도하는 질문이 있고 답을 바라기보다는 단순한 문제 제기를 하고 프레젠터가 답을 하는 수사학적 질문이 있습니다. 이러한 수사학적 질문에서는 프레젠터의 답이 타당하고 설득력이 있느냐가 중요합니다. 문제는 답을 바라고 청중에게 질문했을 경우입니다. 그래도 답이 있을 경우는 다행입니다. 하지만 답이 없고 조용하다면 분위기가 애매해집니다. 일단 기다리십시오. 프레젠터가 당황하거나 여유가 없어 보이면 안 됩니다. 미리 질문을 던지기 전에 이런 상황을 예상하시면 좋습니다. 기다려도 답이 없으면 본인이 준비한 멘트로 넘기거나 청중 중 한 명을 지목해야 합니다.

그럼 누구를 지목할까요? 제일 좋은 것은 프레젠터를 알고 있는 사람입니다. 아니면 처음 시작 부분에 고개를 끄덕거리고 반응을 보이는 앞에 있는 사람이 좋습니다. 열려 있는 사람이라는 표시이기 때문이죠. 너무 뒤에 있으면 말하기를 꺼려합니다.

또 문제는 답을 했는데 예상치 못한, 즉 의도와 반대되는 답이 나온 경우입니다. 그때는 청중의 의견을 묵살하지 마십시오. 일단 존중하고 받아들입니다. 그러면서 자신의 의견과 다르다는 것을 이야기하고 프레젠터의 주장이 어떤 것이지 설명드리겠다고 하면서 프레젠테이션을 진행하면 됩니다. 절대로 반대되는 의견을 묵살하지 마십시오. 묵살하시면 그 사람은 창피를 느끼고 발표 내내 비언어적으로 당신을 괴롭힐 겁니다.

여러 어려움이 있음에도 불구하고 질의응답을 통한 상호작용은 매우 효과적입니다. 적어도 청중의 집중을 유지할 수 있기 때문입니다. 사람들이 집중하지 않고 있다면 그 자리의 청중 중 가장 높은 사람에게 질문해보세요. 그 밑의 모든 사람들은 졸다가도 일어나 집중할 겁니다.

4. 발표 단계별 준비

드디어 최종 프레젠테이션 날입니다. 아침에 일어나서 발표하기까지의 과정을 적었습니다. 머릿속으로 상상해보시기 바랍니다.

당일 아침 집

- 평소대로 일어나서 아침을 먹는다.
- 스피치 개요서를 보며 전체적인 그림을 그려본다.
- 발음 연습표로 입을 풀어준다.
- 샤워를 하고 어제 다려놓은 양복을 입는다. 양복은 그동안 리허설을 통해 몸에 익은 양복이다. 머리에 약간의 제품을 바르고 양말을 신는다.
- 잘 닦은 구두를 신는다.
- 보온병에 따뜻한 물을 담는다.

현장 도착

- 프레젠테이션 시작 한 시간 전에 도착한다. 주변을 살피며 분위기를 익힌다.
- 시나리오를 보기보다는 스피치 개요서를 잠깐 보며 서론과 결론에 집중한다.
- 팀원과 이야기하며 몸을 푼다.
- 시간이 허락되면 발음 연습표를 보며 입을 푼다.
- 목 주변의 근육을 가볍게 마사지한다.
- 긴장 시 화장실에 가서 가벼운 스트레칭을 한다.

발표장 입장

- 절대로 시나리오를 보거나 읽지 않는다.
- 심사위원과 경쟁사의 사람들을 보며 분위기를 익힌다.
- 따뜻한 물 한 잔으로 성대에 수분을 공급한다.
- 다른 경쟁사의 발표를 들으면서 내가 발표하는 모습을 상상해본다.

프레젠테이션 시작

무대 입장 및 인사

- 호명 소리를 듣고 여유 있게 무대로 걸어 나간다.

248

- 나가면서 팀원들을 보며 힘을 얻고, 심사위원을 향해 환하게 웃는다.

- 연단 앞에 나가서 우선 시나리오를 두고, 마이크, 레이저 지시기 등을 확인한다.

- 제반 준비가 끝났으면 웃으며 연단 옆으로 나와 인사를 한다.

- 인사할 때는 양복 윗 단추만을 채우고 정중히 인사한다.

- 인사할 때 심사위원이나 의사결정권자를 본다.

도입

- 첫 음성이 중요하다. 힘 있게 치고 나간다.

- 충분한 연습을 통해 익힌 서론의 임팩트를 극대화시킨다.

    : 질문, 시의성 있는 이야기, 오늘 뉴스, 경험, 동영상

- one page proposal로 사람들의 주목을 받게 한다.

- 사람들에게 프레젠테이션의 로드맵을 제공한다.

본론

- 서론이 끝나고 본론 들어가기 전 포즈와 적절한 브릿지 멘트를 통해 주의를 집중시킨다.

    *"그렇습니다. 우리의 제안은 여러분의 이익을 위한 것입니다. 어떻게 이익이 되는지 지금부터 본격적으로 살펴보겠습니다."

    *"놀라셨습니까? 다른 업체와의 차별점이 바로 여기에 있습니다.

이런 제안이 여러분에게 어떤 결과를 가져올지 하나하나 설명해 드리겠습니다."

- 시나리오를 읽을 때 완급 조절에 신경 쓴다. '첫째, 둘째' 처럼 강조하고자 하는 것은 힘 있고 느리게, 제반 배경은 빠르게 소화한다.
- 레이저 지시기는 필요한 지점에서 재빨리 사용한다. 레이저의 빛이 흔들리면 안 된다.
- 직접 무대에 나가 설명할 때는 과감하고 신속하게 나간다. 손에는 해당 키워드가 적혀 있는 스피치 개요서 한 장만을 가진다. 슬라이드 안에 들어가 그 지점을 지적하고 사람들을 보며 설명한다.(눈과 손으로 슬라이드 지시 – 지시한 상태에서 청중과 눈맞춤 – 손을 가볍게 내리고 청중 앞으로 움직이며 설명)
- 시나리오에 물 마시는 곳을 반드시 표시하고, 그 지점에서 물을 마시며 여유를 가진다.
- 시간을 보며 시나리오 시간과 맞는지 조절한다.
- 중간쯤 되면 힘이 빠지고 빨라지기 쉽다. 시나리오에 힘이 빠지는 곳을 미리 표시하여 대비한다.
- 발음이 잘 안 되는 곳 역시 표시한다.
- 혹시 돌발 상황이 생기면 말이 빨라지고 당황하게 된다. 그럴 때일수록 천천히 읽고 문장과 문장 사이를 충분히 쉰다.

결론

- 본론을 마치고 결론에 들어가기 전 사람들의 이목을 집중시킨다.

    *"이제 저희 제안의 핵심을 3가지로 요약해드리겠습니다."

- 충분한 호흡과 여유로 결론의 강조점을 부각시킨다.

- 서론의 힘으로 결론을 시작한다.

- 마지막 호소는 시나리오를 내려두고 무대로 나와 청중과 눈을 맞추며 이야기한다.

- 결론은 천천히 명확하게 설득력 있게 해야 한다.

마무리

- 앞선 인사와 마찬가지로 양복 윗 단추를 채우고 정중히 인사한다.

- 청중과 심사위원을 보며 웃는다.

- 연단으로 돌아와 물건을 정리한다.

- 질문을 받았을 경우 연역적으로 간략하게 답한다.

- 혹시 모르는 질문이 있으면 다시 한 번 질문의 내용을 자신의 언어로 정리해본다. 그래도 모르겠다면 팀원의 도움을 받는다.

- 전체 프레젠테이션이 끝나고 자리에 남아 주변 사람과 인사하고 명함을 교환한다.

- 심사위원에게 다가가 인사를 한다. 그럴 분위기가 아니면 눈인사라도 한다.

• 장소를 떠나기 전까지 넥타이를 풀거나 한숨을 쉬지 않는다.

5. 창조적 프레젠터 10계명

1계명. **자신의 스타일과 상태를 파악하라!**

　발전하기 위해서는 자신의 현재 위치를 정확히 알아야 합니다. 이 책에서 모델로 제시한 오바마와 스티브 잡스의 특징과 자신의 능력을 비교하고 부족한 점이 무엇인지 파악해봅니다. 앞으로 자신이 시나리오 중심의 프레젠테이션을 자주 할 것인지 아니면 스토리텔링 중심의 프레젠테이션을 할 것인지 판단해서 미리 준비하는 것이 필요합니다. 책에서 제시한 여러 가지 방법을 직접 활용하는 것이 무엇보다 필요합니다.

2계명. **청중과 상황을 분석하라!**

　모든 커뮤니케이션은 공감으로 시작해서 공감으로 완성됩니다. 공감을 만들기 위해서는 상대에 대한 이해가 전제되어야 합니다. 다양한 분석 방법을 통해 프레젠테이션을 듣는 사람들의 특성을 파악할 필요가 있습니다. 또한 프레젠테이션이 열리는 상황적 특성들은 여러분의 프레젠테이션을 준비하는 데 필수적입니다.

3계명. **키워드는 명확히, 근거는 다양하게, 구성은 짜임새 있게 하라!**

프레젠테이션의 키워드가 없으면 나침반 없이 항해하는 배와 같습니다. 전체 내용의 핵심 키워드가 명확해야 하고 그것을 지지하는 다양하고 설득력 있는 근거들이 필요합니다. 근거로는 언론 보도, 권위자의 말, 통계 자료, 증언, 경험, 가치관 등이 있습니다. 구성은 '서론 – 본론 – 결론'이 짜임새 있게 들어가야 하며 전략적인 배치를 해야 합니다.

4계명. **단계적으로 준비하라!**

프레젠테이션은 '기획 – 구성 – 전달'로 이루어집니다. 단계적 준비는 탄탄하고 알찬 프레젠테이션 준비를 위해 필수적입니다. '목표 파악 – 자료 조사 – 키워드 결정 – 구성·배열 – 인지 – 전달·평가'의 단계로 준비하면 효과적인 프레젠테이션을 할 수 있습니다. 또한 단계적, 체계적 준비는 상황 통제력 향상에도 도움을 줍니다. 특히 리허설은 기본 원칙에 따라 철저히 준비해야 합니다.

5계명. **콘텐츠를 내면화하라!**

내가 관심을 가지고 몰입할 때 내 말에도 힘이 실리고 신이 납니다. 시뮬레이션 훈련과 단계적 준비를 통해 프레젠테이션 내용을 내 것으로 소화해야 합니다. 슬라이드를 보며 어떤 말을 할지 머릿속에 그림을 그려보시기 바랍니다. 그리고 슬라이드를 보지 않고 전체 요지를 정리해보세요.

내 머릿속에 명확히 그림이 그려질 때 청중의 머릿속에도 명확히 기억됩니다.

6계명. **언어와 비언어를 조화시켜라!**

프레젠테이션은 단순히 음성으로 전달되는 것이 아닙니다. 나의 자세, 움직임, 의상, 표정, 제스처 등이 시너지 효과를 낼 수 있도록 언어와 비언어를 조화시키는 훈련이 필요합니다. 생활 속에서 비언어를 많이 활용해야 합니다.

7계명. **스토리텔링하라!**

전체 프레젠테이션이 하나의 이야기가 되도록 만들어야 합니다. 완벽하진 않더라도 그것을 목표로 준비하고 훈련해야 합니다. 다양하고 적절한 이야기를 청중의 눈을 보며 짜임새 있게 전해야 합니다. 한 편의 공연이 될 수 있도록 스토리 라인을 만드시기 바랍니다.

8계명. **커뮤니케이션 이론을 활용하라!**

프레젠테이션은 다른 사람의 마음을 움직이는 작업입니다. 따라서 다양한 커뮤니케이션 이론과 설득 방법을 활용해야 합니다. 가장 중요한 것은 진심과 열정이지만 그 진심과 열정이 잘 전달되도록 다양한 방법을 적용할 수 있어야 합니다.

9계명. **모니터하라!**

내가 어떤 문제가 있는지 정확히 알기 위해서는 녹음, 녹화가 필수입니다. 이 책에서 제시하는 다양한 척도를 활용하여 나의 프레젠테이션 모습이 어떤지 냉정하게 평가하시기 바랍니다. 냉정한 평가 위에서 실력이 향상됩니다.

10계명. **주도하라!**

결국 프레젠테이션을 이끄는 사람은 바로 여러분 자신입니다. 발표장에 나가면 여러분이 주인공입니다. 주연이라는 자부심과 청중을 향한 배려심, 상황에 대한 열정을 가진다면 성공적인 프레젠테이션을 할 수 있습니다. 슬라이드나 시나리오가 나를 이끄는 것이 아니라 내가 시나리오와 슬라이드를 이끌고 나가야 합니다. 지휘자처럼 당신의 손끝에서 모든 프레젠테이션이 이루어짐을 기억하시기 바랍니다.

상위인지 훈련

인지적(지식, 스피치 구성요인)
+
단계적(고안−배열−스타일−인지−전달)

리허설의 원칙

· 실전과 같은 연습
· 낭독 연습 + 시뮬레이션 훈련
· 녹화 · 녹음
· 청중 평가
· 완급 조절 중점 연습
· 시간 관리
· 스피치 개요서 활용

창조적 프레젠터 10계명

1계명 자신의 스타일과 상태를 파악하라!
2계명 청중과 상황을 분석하라!
3계명 키워드는 명확히, 근거는 다양하게,
　　　 구성은 짜임새 있게 하라!
4계명 단계적으로 준비하라!
5계명 콘텐츠를 내면화하라!
6계명 언어와 비언어를 조화시켜라!
7계명 스토리텔링하라!
8계명 커뮤니케이션 이론을 활용하라!
9계명 모니터하라!
10계명 주도하라!